PRÉFACE

La collection de guides de conversation "Tout ira bien!", publié par T&P Books, est conçue pour les gens qui voyagent par affaire ou par plaisir. Les guides de conversations contiennent le plus important - l'essentiel pour la communication de base. Il s'agit d'une série indispensable de phrases pour survivre à l'étranger.

Ce guide de conversation vous aidera dans la plupart des cas où vous devez demander quelque chose, trouver une direction, découvrir le prix d'un souvenir, etc. Il peut aussi résoudre des situations de communication difficile lorsque la gesticulation n'aide pas.

Le livre contient beaucoup de phrases qui ont été groupées par thèmes. Vous trouverez aussi un vocabulaire des 3000 mots les plus couramment utilisés. Une autre section du guide contient un glossaire gastronomique qui peut être utile lorsque vous faites le marché ou commandez des plats au restaurant.

Emmenez avec vous un guide de conversation "Tout ira bien!" sur la route et vous aurez un compagnon de voyage irremplaçable qui vous aidera à vous sortir de toutes les situations et vous enseignera à ne pas avoir peur de parler aux étrangers.

TABLE DES MATIÈRES

T&P Books Publishing

T&P Books Publishing

GUIDE DE CONVERSATION

— ROUMAIN —

Par Andrey Taranov

LES PHRASES LES PLUS UTILES

Ce guide de conversation contient les phrases et les questions les plus communes et nécessaires pour communiquer avec des étrangers

T&P BOOKS

Guide de conversation + dictionnaire de 3000 mots

Guide de conversation Français-Roumain et vocabulaire thématique de 3000 mots

Par Andrey Taranov

La collection de guides de conversation "Tout ira bien!", publiée par T&P Books, est conçue pour les gens qui voyagent par affaire ou par plaisir. Les guides contiennent l'essentiel pour la communication de base. Il s'agit d'une série indispensable de phrases pour "survivre" à l'étranger.

Ce livre inclut un dictionnaire thématique qui contient près de 3000 des mots les plus fréquemment utilisés. Une autre section du guide contient un glossaire gastronomique qui peut être utile lorsque vous faites le marché ou commandez des plats au restaurant.

T&P Books Publishing
www.tpbooks.com

ISBN: 978-1-78492-555-0

Ce livre existe également en format électronique.
Pour plus d'informations, veuillez consulter notre site: www.tpbooks.com
ou rendez-vous sur ceux des grandes librairies en ligne.

PRONONCIATION

Alphabet phonétique T&P	Exemple en roumain	Exemple en français
[a]	arbust [ar'bust]	classe
[e]	a merge [a 'merdʒe]	équipe
[ə]	brăţară [brə'tsarə]	Le schwa, voyelle neutre
[i]	impozit [im'pozit]	stylo
[ɨ]	cuvânt [ku'vɨnt]	capital
[o]	avocat [avo'kat]	normal
[u]	fluture ['fluture]	boulevard
[b]	bancă ['bankə]	bureau
[d]	durabil [du'rabil]	document
[dʒ]	gemeni ['dʒemenʲ]	adjoint
[f]	frizer [fri'zer]	formule
[g]	gladiolă [gladi'olə]	gris
[ʒ]	jucător [ʒukə'tor]	jeunesse
[h]	pahar [pa'har]	[h] aspiré
[k]	actor [ak'tor]	bocal
[l]	clopot ['klopot]	vélo
[m]	mobilă ['mobilə]	minéral
[n]	nuntă ['nuntə]	ananas
[p]	profet [pro'fet]	panama
[r]	roată [ro'atə]	racine, rouge
[s]	salată [sa'latə]	syndicat
[ʃ]	cleştişor [kleʃti'ʃor]	chariot
[t]	statuie [sta'tue]	tennis
[ts]	forţă ['fortsə]	gratte-ciel
[tʃ]	optzeci [opt'zetʃi]	match
[v]	valiză [va'lizə]	rivière
[z]	zmeură ['zmeurə]	gazeuse
[j]	foios [fo'jos]	maillot
[ʲ]	zori [zorʲ]	signe de palatalisation

LISTE DES ABRÉVIATIONS

Abréviations en français

adj	-	adjective
adv	-	adverbe
anim.	-	animé
conj	-	conjonction
dénombr.	-	dénombrable
etc.	-	et cetera
f	-	nom féminin
f pl	-	féminin pluriel
fam.	-	familiar
fem.	-	féminin
form.	-	formal
inanim.	-	inanimé
indénombr.	-	indénombrable
m	-	nom masculin
m pl	-	masculin pluriel
m, f	-	masculin, féminin
masc.	-	masculin
math	-	mathematics
mil.	-	militaire
pl	-	pluriel
prep	-	préposition
pron	-	pronom
qch	-	quelque chose
qn	-	quelqu'un
sing.	-	singulier
v aux	-	verbe auxiliaire
v imp	-	verbe impersonnel
vi	-	verbe intransitif
vi, vt	-	verbe intransitif, transitif
vp	-	verbe pronominal
vt	-	verbe transitif

Abréviations en roumain

f	-	nom féminin
f pl	-	féminin pluriel

m	-	nom masculin
m pl	-	masculin pluriel
n	-	neutre
n pl	-	neutre pluriel
pl	-	pluriel

T&P BOOKS

GUIDE DE
CONVERSATION
ROUMAIN

Cette section contient
des phrases importantes
qui peuvent être utiles dans
des situations courantes.
Le guide vous aidera
à demander des directions,
clarifier le prix, acheter
des billets et commander
des plats au restaurant

T&P Books Publishing

CONTENU DU GUIDE DE CONVERSATION

T&P Books Publishing

Excusez-moi, ...	**Nu vă supărați, ...** [nu və supə'ratsi, ...]
Bonjour	**Buna ziua.** [buna 'ziwa]
Merci	**Mulțumesc.** [multsu'mesk]
Au revoir	**La revedere.** [la reve'dere]
Oui	**Da.** [da]
Non	**Nu.** [nu]
Je ne sais pas.	**Nu știu.** [nu 'ʃtiu]
Où? (~ es-tu?) | Où? (~ vas-tu?) | Quand?	**Unde? | Încotro? | Când?** [unde? | inko'tro? | kind?]
J'ai besoin de ...	**Am nevoie de ...** [am ne'voje de ...]
Je veux ...	**Vreau ...** [vriau ...]
Avez-vous ... ?	**Aveți ...?** [a'vetsi ...?]
Est-ce qu'il y a ... ici?	**Există ... aici?** [e'gzistə ... a'itʃi?]
Puis-je ... ?	**Pot ...?** [pot ...?]
s'il vous plaît (pour une demande)	**..., vă rog** [..., və rog]
Je cherche ...	**Caut ...** [kaut ...]
les toilettes	**o toaletă** [o toa'letə]
un distributeur	**un bancomat** [un banko'mat]
une pharmacie	**o farmacie** [o farma'tʃie]
l'hôpital	**un spital** [un spi'tal]
le commissariat de police	**o secție de poliție** [o 'sektsie de po'litsie]
une station de métro	**un metrou** [un me'trou]

un taxi	**un taxi** [un ta'ksi]
la gare	**o gară** [o 'garə]

Je m'appelle ...	**Numele meu este ...** [numele 'meu 'este ...]
Comment vous appelez-vous?	**Cum vă numiți?** [kum və nu'mitsʲ?]
Aidez-moi, s'il vous plaît.	**Mă puteți ajuta, vă rog?** [mə pu'tetsʲ aʒu'ta, və rog?]
J'ai un problème.	**Am o problemă.** [am o pro'blemə]
Je ne me sens pas bien.	**Mi-e rău.** [mi-e 'rəu]
Appelez une ambulance!	**Chemați o ambulanță!** [ke'matsʲ o ambu'lantsə!]
Puis-je faire un appel?	**Pot să dau un telefon?** [pot sə dau un tele'fon?]

Excusez-moi.	**Îmi pare rău.** [imʲ 'pare rəu]
Je vous en prie.	**Cu plăcere.** [ku plə'tʃere]

je, moi	**Eu** [eu]
tu, toi	**tu** [tu]
il	**el** [el]
elle	**ea** [ja]
ils	**ei** [ej]
elles	**ele** ['ele]
nous	**noi** [noj]
vous	**voi** [voj]
Vous	**dumneavoastră** [dumnʲavo'astrə]

ENTRÉE	**INTRARE** [in'trare]
SORTIE	**IEȘIRE** [je'ʃire]
HORS SERVICE | EN PANNE	**DEFECT** [de'fekt]
FERMÉ	**ÎNCHIS** [in'kis]

OUVERT

DESCHIS
[des'kis]

POUR LES FEMMES

PENTRU FEMEI
[pentru fe'mej]

POUR LES HOMMES

PENTRU BĂRBAȚI
[pentru bər'batsʲ]

Questions

Où? (lieu)	**Unde?** ['unde?]
Où? (direction)	**Încotro?** [ɨnko'tro?]
D'où?	**De unde?** [de 'unde?]
Pourquoi?	**De ce?** [de ʧe?]
Pour quelle raison?	**Din ce motiv?** [din ʧe mo'tiv?]
Quand?	**Când?** [kɨnd?]

Combien de temps?	**Cât?** [kɨt?]
À quelle heure?	**La ce oră?** [la ʧe 'orə?]
C'est combien?	**Cât de mult?** [kɨt de mult?]
Avez-vous … ?	**Aveți …?** [a'veʦʲ …?]
Où est …, s'il vous plaît?	**Unde este …?** [unde 'este …?]

Quelle heure est-il?	**Cât este ceasul?** [kɨt 'este 'ʧasul?]
Puis-je faire un appel?	**Pot să dau un telefon?** [pot sə dau un tele'fon?]
Qui est là?	**Cine e?** [ʧine e?]
Puis-je fumer ici?	**Pot fuma aici?** [pot fu'ma a'iʧî?]
Puis-je …?	**Pot …?** [pot …?]

Besoins

Je voudrais ...	**Aş dori ...** [aʃ do'ri ...]
Je ne veux pas ...	**Nu vreau ...** [nu 'vrʲau ...]
J'ai soif.	**Mi-e sete.** [mi-e 'sete]
Je veux dormir.	**Vreau să dorm.** [vrʲau sə dorm]
Je veux ...	**Vreau ...** [vrʲau ...]
me laver	**să mă spăl** [sə mə spəl]
brosser mes dents	**să mă spăl pe dinţi** [sə mə spəl pe 'dinʦi]
me reposer un instant	**să mă odihnesc puţin** [sə mə odih'nesk pu'ʦin]
changer de vêtements	**să mă schimb** [sə mə skimb]
retourner à l'hôtel	**să mă întorc la hotel** [sə mə in'tork la ho'tel]
acheter ...	**să cumpăr ...** [sə 'kumpər ...]
aller à ...	**să merg la ...** [sə merg la ...]
visiter ...	**să vizitez ...** [sə vizi'tez ...]
rencontrer ...	**să mă întâlnesc cu ...** [sə mə intil'nesk ku ...]
faire un appel	**să dau un telefon** [sə dau un tele'fon]
Je suis fatigué /fatiguée/	**Sunt obosit /obosită/.** [sunt obo'sit /obo'sitə/]
Nous sommes fatigués /fatiguées/	**Suntem obosiţi.** [suntem obo'siʦi]
J'ai froid.	**Mi-e frig.** [mi-e frig]
J'ai chaud.	**Mi-e cald.** [mi-e kald]
Je suis bien.	**Sunt bine.** [sunt 'bine]

Il me faut faire un appel.

Trebuie să dau un telefon.
[trebuje se dau un tele'fon]

J'ai besoin d'aller aux toilettes.

Trebuie să merg la toaletă.
[trebuje se merg la toa'lete]

Il faut que j'aille.

Chiar trebuie să plec.
[kjar 'trebuje se plek]

Je dois partir maintenant.

Trebuie să plec.
[trebuje se plek]

Comment demander la direction

Excusez-moi, ...	**Nu vă supărați, ...** [nu və supə'raʦʲ, ...]
Où est ..., s'il vous plaît?	**Unde este ...?** [unde 'este ...?]
Dans quelle direction est ... ?	**În ce direcție este ...?** [in ʧe di'rekʦie 'este ...?]
Pouvez-vous m'aider, s'il vous plaît ?	**Ați putea să mă ajutați, vă rog?** [aʦʲ put'a sə mə aʒu'taʦʲ, və rog?]

Je cherche ...	**Caut ...** [kaut ...]
La sortie, s'il vous plaît?	**Caut ieșirea.** [kaut 'eʃirʲa]
Je vais à ...	**Urmează să ...** [ur'mʲazə sə ...]
C'est la bonne direction pour ...?	**Merg în direcția bună către ...?** [merg in di'rekʦja 'bunə 'kɛtre ...?]

C'est loin?	**Este departe?** [este de'parte?]
Est-ce que je peux y aller à pied?	**Pot ajunge acolo pe jos?** [pot a'ʒunʒe a'kolo pe ʒos?]
Pouvez-vous me le montrer sur la carte?	**Îmi puteți arăta pe hartă?** [imʲ pu'teʦʲ arə'ta pe 'hartə?]
Montrez-moi où sommes-nous, s'il vous plaît.	**Arătați-mi unde ne aflăm acum.** [arə'taʦi-mi 'unde ne afləm a'kum]

Ici	**Aici** [a'iʧi]
Là-bas	**Acolo** [a'kolo]
Par ici	**Pe aici** [pe a'iʧi]

Tournez à droite.	**Faceți dreapta.** [fa'ʧeʦʲ 'drʲapta]
Tournez à gauche.	**Faceți stânga.** [fa'ʧeʦʲ 'stinga]
Prenez la première (deuxième, troisième) rue.	**prima (a doua, a treia)** [prima (a 'dowa, a 'treja)]
à droite	**la dreapta** [la 'drʲapta]

à gauche

la stânga
[la 'stɨnga]

Continuez tout droit.

Mergeți drept înainte.
[merdʒetsʲ drept ina'inte]

Affiches, Pancartes

BIENVENUE!	**BINE AŢI VENIT!**
	[bine 'atsʲ ve'nit!]
ENTRÉE	**INTRARE**
	[in'trare]
SORTIE	**IEŞIRE**
	[je'ʃire]
POUSSEZ	**ÎMPINGEŢI**
	[ɨm'pinʒetsʲ]
TIREZ	**TRAGEŢI**
	[tra'dʒetsʲ]
OUVERT	**DESCHIS**
	[des'kis]
FERMÉ	**ÎNCHIS**
	[ɨn'kis]
POUR LES FEMMES	**PENTRU FEMEI**
	[pentru fe'mej]
POUR LES HOMMES	**PENTRU BĂRBAŢI**
	[pentru bər'batsʲ]
MESSIEURS	**BĂRBAŢI**
	[bər'batsʲ]
FEMMES	**FEMEI**
	[fe'mej]
RABAIS | SOLDES	**REDUCERI**
	[re'dutʃerʲ]
PROMOTION	**OFERTĂ**
	[o'fertə]
GRATUIT	**GRATUIT**
	[gratu'it]
NOUVEAU!	**NOU!**
	['nou!]
ATTENTION!	**ATENŢIE!**
	[a'tentsie!]
COMPLET	**NU MAI SUNT CAMERE DISPONIBILE**
	[nu maj sunt 'kamere dispo'nibile]
RÉSERVÉ	**REZERVAT**
	[rezer'vat]
ADMINISTRATION	**CONDUCERE**
	[kon'dutʃere]
PERSONNEL SEULEMENT	**REZERVAT PERSONAL**
	[rezer'vat perso'nal]

ATTENTION AU CHIEN! **ATENȚIE, CÂINE RĂU!**
[a'tent͡sie, 'kɨjne rəu!]

NE PAS FUMER! **FUMATUL INTERZIS!**
[fu'matul inter'zis!]

NE PAS TOUCHER! **A NU SE ATINGE!**
[a nu se a'tinʒe!]

DANGEREUX **PERICOL**
[pe'rikol]

DANGER **PERICOL GENERAL**
[pe'rikol dʒene'ral]

HAUTE TENSION **ATENȚIE ÎNALTĂ TENSIUNE**
[a'tent͡sie ɨnaltə tensi'une]

BAIGNADE INTERDITE! **ÎNOTUL INTERZIS!**
[ɨ'notul inter'zis!]

HORS SERVICE | EN PANNE **DEFECT**
[de'fekt]

INFLAMMABLE **INFLAMABIL**
[infla'mabil]

INTERDIT **INTERZIS**
[inter'zis]

ENTRÉE INTERDITE! **ACCES INTERZIS!**
[akt͡ʃes inter'zis!]

PEINTURE FRAÎCHE **PROASPĂT VOPSIT**
[pro'aspət vop'sit]

FERMÉ POUR TRAVAUX **ÎNCHIS PENTRU RENOVARE**
[ɨn'kis 'pentru reno'vare]

TRAVAUX EN COURS **ATENȚIE SE LUCREAZĂ**
[a'tent͡sie se lu'krʲazə]

DÉVIATION **TRAFIC DEVIAT**
[trafik de'vjat]

Transport - Phrases générales

avion	**avion**
	[a'vjon]
train	**tren**
	[tren]
bus, autobus	**autobuz**
	[auto'buz]
ferry	**feribot**
	[feri'bot]
taxi	**taxi**
	[ta'ksi]
voiture	**maşină**
	[ma'ʃinə]
horaire	**orar**
	[o'rar]
Où puis-je voir l'horaire?	**Unde pot vedea orarul?**
	[unde pot ve'dʲa o'rarul?]
jours ouvrables	**zile de lucru**
	[zile de 'lukru]
jours non ouvrables	**sfârşit de săptămână**
	[sfir'ʃit de səptə'minə]
jours fériés	**sărbători**
	[sərbəto'ri]
DÉPART	**PLECĂRI**
	[plekərʲ]
ARRIVÉE	**SOSIRI**
	[so'sirʲ]
RETARDÉE	**ÎNTÂRZIERI**
	[intirzi'erʲ]
ANNULÉE	**ANULĂRI**
	[anulərʲ]
prochain	**următorul**
	[urmə'torul]
premier	**primul**
	['primul]
dernier	**ultimul**
	['ultimul]
À quelle heure est le prochain ...?	**Când este următorul ...?**
	[kind 'este urmə'torul ...?]
À quelle heure est le premier ...?	**Când este primul ...?**
	[kind 'este 'primul ...?]

À quelle heure est le dernier ...?

Când este ultimul ...?
[kɨnd 'este 'ultimul ...?]

correspondance

schimb
[skimb]

prendre la correspondance

a schimba
[a skim'ba]

Dois-je prendre la correspondance?

**Trebuie să schimb ...
(trenul | avionul)?**
[trebuje sə skimb ...
('trenul | a'vjonul)?]

Acheter un billet

Où puis-je acheter des billets?	**De unde pot cumpăra bilete?** [de 'unde pot kumpə'ra bi'lete?]
billet	**bilet** [bi'let]
acheter un billet	**a cumpăra un bilet** [a kumpə'ra un bi'let]
le prix d'un billet	**preţul biletului** [preţsul bi'letului]
Pour aller où?	**În ce direcţie?** [in tʃe di'rektsie?]
Quelle destination?	**La ce staţie?** [la tʃe 'statsie?]
Je voudrais …	**Am nevoie de …** [am ne'voje de …]
un billet	**un bilet** [un bi'let]
deux billets	**două bilete** [dowə bi'lete]
trois billets	**trei bilete** [trej bi'lete]
aller simple	**dus** [dus]
aller-retour	**dus-întors** [dus-in'tors]
première classe	**clasa întâi** [klasa in'tij]
classe économique	**clasa a doua** [klasa a 'dowa]
aujourd'hui	**astăzi** [astəzi]
demain	**mâine** [mijne]
après-demain	**poimâine** [po'imiine]
dans la matinée	**dimineaţa** [dimi'niatsa]
l'après-midi	**după-masa** ['dupə-'masa]
dans la soirée	**seara** [siara]

siège côté couloir

loc la culoar
[lok la kulo'ar]

siège côté fenêtre

loc la geam
[lok la ʤʲam]

C'est combien?

Cât costă?
[kit 'kostə?]

Puis-je payer avec la carte?

Pot plăti cu cardul?
[pot plə'ti ku 'kardul?]

L'autobus

bus, autobus	**autobuz** [auto'buz]
autocar	**autobuz interurban** [auto'buz interur'ban]
arrêt d'autobus	**stație de autobuz** [staǀsie de auto'buz]
Où est l'arrêt d'autobus le plus proche?	**Unde este cea mai apropiată** **stație de autobuz?** [unde 'este ʧa maj apro'pjatə 'staǀsie de auto'buz?]
numéro	**număr** ['numər]
Quel bus dois-je prendre pour aller à …?	**Ce autobuz trebuie să iau** **să ajung la …?** [ʧe auto'buz tre'buje sə jau sə a'ʒun la …?]
Est-ce que ce bus va à …?	**Acest autobuz ajunge la …?** [a'ʧest auto'buz a'ʒunʒe la …?]
L'autobus passe tous les combien?	**La ce interval vin autobuzele?** [la ʧe inter'val vin auto'buzele?]
chaque quart d'heure	**la fiecare 15 minute** [la fie'kare 'ʧinʧsprezeʧe mi'nute]
chaque demi-heure	**la fiecare jumătate de oră** [la fie'kare ʒumə'tate de 'ore]
chaque heure	**la fiecare oră** [la fie'kare 'ore]
plusieurs fois par jour	**de câteva ori pe zi** [de kite'va ori pe zi]
… fois par jour	**de … ori pe zi** [de … ori pe zi]
horaire	**orar** [o'rar]
Où puis-je voir l'horaire?	**Unde pot vedea orarul?** [unde pot ve'dʲa o'rarul?]
À quelle heure passe le prochain bus?	**Când este următorul autobuz?** [kind 'este urmə'torul auto'buz?]
À quelle heure passe le premier bus?	**Când este primul autobuz?** [kind 'este 'primul auto'buz?]
À quelle heure passe le dernier bus?	**Când este ultimul autobuz?** [kind 'este 'ultimul auto'buz?]

arrêt

stație
[staˈtsie]

prochain arrêt

următoarea stație
[urmetoˈarˈa ˈstatsie]

terminus

ultima stație
[ultima ˈstatsie]

Pouvez-vous arrêter ici, s'il vous plaît.

Opriți aici, vă rog.
[oˈpritsʲ aˈitʃi, və rog]

Excusez-moi, c'est mon arrêt.

Scuzați-mă, cobor aici.
[skuˈzatsi-mə, koˈbor aˈitʃi]

Train

train	**tren** [tren]
train de banlieue	**tren suburban** [tren subur'ban]
train de grande ligne	**tren pe distanţă lungă** [tren pe dis'tanʦə 'lungə]
la gare	**o gară** [o 'garə]
Excusez-moi, où est la sortie vers les quais?	**Scuzaţi-mă, unde este ieşirea spre peron?** [sku'zaʦi-mə, 'unde 'este ie'ʃirʲa spre pe'ron?]

Est-ce que ce train va à …?	**Acest tren merge la …?** [a'ʧest tren 'merʤe la …?]
le prochain train	**următorul tren** [urmə'torul tren]
À quelle heure est le prochain train?	**Când este următorul tren?** [kind 'este urmə'torul tren?]
Où puis-je voir l'horaire?	**Unde pot vedea mersul trenurilor?** [unde pot ve'dʲa 'mersul 'trenurilor?]
De quel quai?	**De la care peron?** [de la kare pe'ron?]
À quelle heure arrive le train à …?	**Când ajunge trenul la …?** [kind a'ʒunʤe 'trenul la …?]

Pouvez-vous m'aider, s'il vous plaît?	**Vă rog să mă ajutaţi.** [və rog sə mə aʒu'taʦi]
Je cherche ma place.	**Îmi caut locul.** [imʲ 'kaut 'lokul]
Nous cherchons nos places.	**Ne căutăm locurile.** [ne kəutəm 'lokurile]

Ma place est occupée.	**Locul meu este ocupat.** [lokul 'meu 'este oku'pat]
Nos places sont occupées.	**Locurile noastre sunt ocupate.** [lokurile no'astre sunt oku'pate]
Excusez-moi, mais c'est ma place.	**Îmi pare rău dar acesta este locul meu.** [imʲ 'pare rəu dar a'ʧesta 'este 'lokul 'meu]

Est-ce que cette place est libre? **Este liber acest loc?**
[este 'liber a'tʃest lok?]

Puis-je m'asseoir ici? **Pot să stau aici?**
[pot sə 'stau a'itʃi?]

Sur le train - Dialogue (Pas de billet)

Votre billet, s'il vous plaît.

Biletul la control.
[bi'letul la kon'trol]

Je n'ai pas de billet.

Nu am bilet.
[nu am bi'let]

J'ai perdu mon billet.

Mi-am pierdut biletul.
[mi-am 'pjerdut bi'letul]

J'ai oublié mon billet à la maison.

Mi-am uitat biletul acasă.
[mi-am 'ujtat bi'letul a'kasə]

Vous pouvez m'acheter un billet.

Puteţi cumpăra un bilet de la mine.
[pu'tetsʲ kumpə'ra un bi'let de la 'mine]

Vous devrez aussi payer une amende.

**Va trebui, de asemenea,
să plătiţi şi o amendă.**
[va 'trebuj, de a'semenʲa,
sə plə'titsʲ ʃi o a'mendə]

D'accord.

Bine.
['bine]

Où allez-vous?

Unde mergeţi?
[unde mer'dʒetsi?]

Je vais à ...

Merg la ...
[merg la ...]

Combien? Je ne comprend pas.

Cât costă? Nu înţeleg.
[kit 'kostə? nu intse'leg]

Pouvez-vous l'écrire, s'il vous plaît.

Scrieţi pe ceva, vă rog.
[skri'etsʲ pe tʃe'va, və rog]

D'accord. Puis-je payer avec la carte?

Bine. Pot plăti cu cardul?
[bine. pot plə'ti ku 'kardul?]

Oui, bien sûr.

Da, puteţi.
[da, pu'tetsʲ]

Voici votre reçu.

Aceasta este chitanţa dumneavoastră.
[a'tʃasta 'este ki'tantsa dumnʲavo'astrə]

Désolé pour l'amende.

Îmi pare rău pentru amendă.
[imʲ 'pare rəu 'pentru a'mendə]

Ça va. C'est de ma faute.

Este în regulă. A fost vina mea.
[este in 'regulə. a fost 'vina mʲa]

Bon voyage.

Călătorie plăcută!
[kələto'rie plə'kutə!]

Taxi

taxi	**taxi** [ta'ksi]
chauffeur de taxi	**şofer de taxi** [ʃo'fer de ta'ksi]
prendre un taxi	**a lua un taxi** [a 'lua un ta'ksi]
arrêt de taxi	**staţie de taxiuri** [staʦie de ta'ksjurʲ]
Où puis-je trouver un taxi?	**De unde pot lua un taxi?** [de 'unde pot 'lua un ta'ksi?]

appeler un taxi	**a chema un taxi** [a 'kema un ta'ksi]
Il me faut un taxi.	**Am nevoie de un taxi.** [am ne'voje de un ta'ksi]
maintenant	**Acum.** [a'kum]
Quelle est votre adresse?	**Care este adresa dumneavoastră?** [kare 'este a'dresa dumnʲavo'astrə?]
Mon adresse est …	**Adresa mea este …** [a'dresa mʲa 'este …]
Votre destination?	**Unde mergeţi?** [unde mer'dʒeʦi?]
Excusez-moi, …	**Scuzaţi-mă, …** [sku'zaʦi-mə, …]
Vous êtes libre ?	**Sunteţi liber?** [sun'teʦʲ 'liber?]
Combien ça coûte pour aller à …?	**Cât costă până la …?** [kɨt 'kostə 'pɨnə la …?]
Vous savez où ça se trouve?	**Ştiţi unde este?** [ʃtiʦʲ 'unde 'este?]

À l'aéroport, s'il vous plaît.	**La aeroport, vă rog.** [la aero'port, və rog]
Arrêtez ici, s'il vous plaît.	**Opriţi aici, vă rog.** [o'priʦʲ a'iʧi, və rog]
Ce n'est pas ici.	**Nu este aici.** [nu 'este a'iʧi]
C'est la mauvaise adresse.	**Adresa asta este greşită.** [a'dresa as'ta 'este gre'ʃitə]
tournez à gauche	**Luaţi-o la stânga.** [lu'aʦi-o la 'stɨnga]
tournez à droite	**Luaţi-o la dreapta.** [lu'aʦi-o la 'drʲapta]

Combien je vous dois?

Cât vă datorez?
[kɨt və da'torez?]

J'aimerais avoir un reçu, s'il vous plaît.

Aş dori o chitanţă, vă rog.
[aʃ do'ri o ki'tantsə, və rog]

Gardez la monnaie.

Păstraţi restul.
[pəs'tratsʲ 'restul]

Attendez-moi, s'il vous plaît …

Mă puteţi aştepta, vă rog?
[mə pu'tetsʲ aʃtep'ta, və rog?]

cinq minutes

cinci minute
[tʃintʃ mi'nute]

dix minutes

zece minute
[zetʃe mi'nute]

quinze minutes

cincisprezece minute
[tʃintʃisprezetʃe mi'nute]

vingt minutes

douăzeci de minute
[dowə'zetʃi de mi'nute]

une demi-heure

o jumătate de oră
[o ʒumə'tate de 'orə]

Hôtel

Bonjour.	**Bună ziua.** [bunə 'ziwa]
Je m'appelle …	**Mă numesc …** [mə nu'mesk …]
J'ai réservé une chambre.	**Am o rezervare.** [am o rezer'vare]

Je voudrais …	**Am nevoie de …** [am ne'voje de …]
une chambre simple	**o cameră single** [o 'kamerə 'singlə]
une chambre double	**o cameră dublă** [o 'kamerə 'dublə]
C'est combien?	**Cât costă?** [kɨt 'kostə?]
C'est un peu cher.	**Este puțin cam scump.** [este pu'tsin kam skump]

Avez-vous autre chose?	**Mai există alte opțiuni?** [maj e'gzistə 'alte op'tsjuni?]
Je vais la prendre.	**O iau.** [o 'jau]
Je vais payer comptant.	**Plătesc în numerar.** [plə'tesk ɨn nume'rar]

J'ai un problème.	**Am o problemă.** [am o pro'blemə]
Mon … est cassé.	**… este stricat /stricată/.** [… 'este stri'kat /stri'katə/]
Mon … ne fonctionne pas.	**… este defect /defectă/.** [… 'este de'fekt /'este de'fektə/]
télé	**Meu televizorul (este stricat)** [meu televi'zorul ('este stri'kat)]
air conditionné	**Aerul meu condiționat (este defect)** [aerul 'meu konditsjo'nat ('este de'fekt)]
robinet	**Meu robinetul (este stricat)** [meu robi'netul ('este stri'kat)]

douche	**Meu dușul (este stricat)** [meu 'duʃul ('este stri'kat)]
évier	**Mea chiuveta (este defectă)** [mʲa kju'veta ('este de'fektə)]
coffre-fort	**Meu seiful (este stricat)** [meu 'sejful ('este stri'kat)]

serrure de porte	**Încuietoarea (este defectă)** [inkue'toarʲa]
prise électrique	**Mea priza (este defectă)** [mʲa 'priza ('este de'fektə)]
sèche-cheveux	**Uscătorul meu de păr (este stricat)** [uskə'torul 'meu de pər ('este stri'kat)]

Je n'ai pas …	**Nu am …** [nu am …]
d'eau	**apă** ['apə]
de lumière	**lumină** [lu'minə]
d'électricité	**curent electric** [ku'rent e'lektric]

Pouvez-vous me donner …?	**Îmi puteți da …?** [imʲ pu'tetsʲ da …?]
une serviette	**un prosop** [un pro'sop]
une couverture	**o pătură** [o 'pəturə]
des pantoufles	**papuci** [pa'putʃi]
une robe de chambre	**un halat** [un ha'lat]
du shampoing	**niște șampon** [ʃam'pon]
du savon	**niște săpun** [sə'pun]

Je voudrais changer ma chambre.	**Aş dori să îmi schimb camera.** [aʃ do'ri sə imj skimb 'kamera]
Je ne trouve pas ma clé.	**Nu îmi găsesc cheia.** [nu imj gə'sesk ke'ja]
Pourriez-vous ouvrir ma chambre, s'il vous plaît?	**Puteți să îmi deschideți camera, vă rog?** [pu'tetsʲ sə imʲ de'skidetsʲ 'kamera, və rog?]
Qui est là?	**Cine e?** [tʃine e?]
Entrez!	**Intrați!** [in'tratsʲ!]
Une minute!	**Un minut!** [un mi'nut!]

Pas maintenant, s'il vous plaît.	**Nu acum, vă rog.** [nu a'kum, və rog]
Pouvez-vous venir à ma chambre, s'il vous plaît.	**Veniți în camera mea, vă rog.** [ve'nitsʲ in 'kamera mʲa, və rog]

J'aimerais avoir le service d'étage.

Aş dori să îmi comand
de mâncare în cameră.
[aʃ do'ri sə ɨmj ko'mand
de mɨn'kare ɨn 'kamerə]

Mon numéro de chambre est le ...

Numărul camerei mele este ...
[numərul 'kamerej mele 'este ...]

Je pars ...

Plec ...
[plek ...]

Nous partons ...

Plecăm ...
[plekəm ...]

maintenant

acum
[a'kum]

cet après-midi

în această după-masă
[ɨn a'tʃastə 'dupə-'masə]

ce soir

diseară
[di'sʲarə]

demain

mâine
[mɨjne]

demain matin

mâine dimineaţă
[mɨjne dimi'nʲatsə]

demain après-midi

mâine seară
[mɨjne 'sʲarə]

après-demain

poimâine
[po'imɨine]

Je voudrais régler mon compte.

Aş dori să plătesc.
[aʃ do'ri sə plə'tesk]

Tout était merveilleux.

Totul a fost excelent.
[totul a fost ekstʃe'lent]

Où puis-je trouver un taxi?

De unde pot lua un taxi?
[de 'unde pot 'lua un ta'ksi?]

Pourriez-vous m'appeler un taxi,
s'il vous plaît?

Îmi puteţi chema un taxi, vă rog?
[ɨmʲ pu'tetsʲ ke'ma un ta'ksi, və rog?]

Restaurant

Puis-je voir le menu, s'il vous plaît?	**Pot vedea meniul, vă rog?** [pot ve'dʲa me'njul, və rog?]
Une table pour une personne.	**O masă pentru o persoană.** [o 'masə 'pentru o perso'anə]
Nous sommes deux (trois, quatre).	**Suntem două (trei, patru) persoane.** [suntem 'dowə (trej, 'patru) perso'ane]

Fumeurs	**Fumători** [fumə'tori]
Non-fumeurs	**Nefumători** [nefumə'tori]
S'il vous plaît!	**Scuzaţi-mă!** [sku'zaʦi-mə!]
menu	**meniu** [me'nju]
carte des vins	**lista de vinuri** [lista de 'vinuri]
Le menu, s'il vous plaît.	**Un meniu, vă rog.** [un me'nju, və rog]

Êtes-vous prêts à commander?	**Sunteţi gata să comandaţi?** [sun'teʦ' 'gata sə koman'daʦ'?]
Qu'allez-vous prendre?	**Ce veţi servi?** [ʧe 'veʦi ser'vi?]
Je vais prendre …	**Vreau …** [vrʲau …]

Je suis végétarien.	**Sunt vegetarian.** [sunt vedʒeta'rjan /vedʒeta'rjanə/]
viande	**carne** ['karne]
poisson	**peşte** ['peʃte]
légumes	**legume** [le'gume]
Avez-vous des plats végétariens?	**Aveţi feluri de mâncare vegetariene?** [a'veʦ' fe'luri de min'kare vedʒe'tariene?]
Je ne mange pas de porc.	**Nu mănânc porc.** [nu mə'nink pork]
Il /elle/ ne mange pas de viande.	**El /Ea/ nu mănâncă carne.** [el /ʲa/ nu mə'ninkə 'karne]
Je suis allergique à …	**Sunt alergic la …** [sunt a'lerdʒik /a'lerdʒika/ la …]

Pourriez-vous m'apporter …, s'il vous plaît.

Vă rog frumos, îmi puteţi aduce …
[və rog fru'mos, îmj pu'tetsʲ a'dutʃe …]

le sel | le poivre | du sucre

sare | piper | zahăr
[sare | pi'per | 'zahər]

un café | un thé | un dessert

cafea | ceai | desert
[ka'fʲa | tʃaj | de'sert]

de l'eau | gazeuse | plate

apă | minerală | platăă
[apə | mine'ralə | 'platə]

une cuillère | une fourchette | un couteau

o lingură | o furculiţă | un cuţit
[o 'lingurə | o furku'litsə | un ku'ʦit]

une assiette | une serviette

o farfurie | un şerveţel
[o farfu'rie | un ʃerve'tsel]

Bon appétit!

Poftă bună!
[poftə 'bunə!]

Un de plus, s'il vous plaît.

Încă unul /unula/, vă rog.
[înkə 'unul /'unula/, və rog]

C'était délicieux.

A fost foarte bun.
[a fost fo'arte bun]

---

l'addition | de la monnaie | le pourboire

notă | rest | bacşiş
[notə | rest | bak'ʃiʃ]

L'addition, s'il vous plaît.

Nota, vă rog.
[nota, və rog]

Puis-je payer avec la carte?

Pot plăti cu cardul?
[pot plə'ti ku 'kardul?]

Excusez-moi, je crois qu'il y a une erreur ici.

Îmi pare rău, este o greşeală aici.
[îmʲ 'pare rəu, 'este o gre'ʃalə a'itʃi]

Shopping. Faire les Magasins

Est-ce que je peux vous aider?	**Pot să vă ajut?** [pot sə və aˈʒut?]
Avez-vous … ?	**Aveți …?** [aˈveʦʲ …?]
Je cherche …	**Caut …** [kaut …]
Il me faut …	**Am nevoie de …** [am neˈvoje de …]

Je regarde seulement, merci.	**Doar mă uit.** [doˈar mə uit]
Nous regardons seulement, merci.	**Doar ne uităm.** [doˈar ne uitəm]
Je reviendrai plus tard.	**Mă întorc mai târziu.** [mə ɨnˈtork maj tɨrˈzju]
On reviendra plus tard.	**Ne întoarcem mai târziu.** [ne ɨntoaˈrʧem maj tɨrˈzju]
Rabais | Soldes	**reduceri | ofertă** [reˈduʧerʲ | oˈfertə]

Montrez-moi, s'il vous plaît …	**Îmi puteți arăta …, vă rog.** [ɨmʲ puˈteʦʲ arəˈta …, və rog]
Donnez-moi, s'il vous plaît …	**Îmi puteți da …, vă rog.** [ɨmʲ puˈteʦʲ da …, və rog]
Est-ce que je peux l'essayer?	**Pot să probez?** [pot sə proˈbez?]
Excusez-moi, où est la cabine d'essayage?	**Nu vă supărați, unde este cabina de probă?** [nu və supəˈraʦʲ, ˈunde ˈeste kaˈbina de ˈprobə?]
Quelle couleur aimeriez-vous?	**Ce culoare ați dori?** [ʧe kuloˈare aʦʲ doˈri?]
taille | longueur	**mărime | lungime** [məˈrime | lunˈʤime]
Est-ce que la taille convient ?	**Cum vine?** [kum ˈvine?]

Combien ça coûte?	**Cât costă asta?** [kɨt ˈkostə ˈasta?]
C'est trop cher.	**Este prea scump.** [este prʲa skump]
Je vais le prendre.	**Îl iau /O iau/.** [ɨl ˈjau /o ˈjau/]

Excusez-moi, où est la caisse?

Nu vă supărați, unde plătesc?
[nu və supə'rațɨ, 'unde plə'tesk?]

Payerez-vous comptant ou par
carte de crédit?

Plătiți în numerar sau cu cardul?
[plə'tiţi ɨn nume'rar sau ku 'kardul?]

Comptant | par carte de crédit

În numerar | cu cardul
[ɨn nume'rar | ku 'kardul]

Voulez-vous un reçu?

Doriți chitanță?
[do'riţi ki'tanţsə?]

Oui, s'il vous plaît.

Da, vă rog.
[da, və rog]

Non, ce n'est pas nécessaire.

Nu, este în regulă.
[nu, 'este ɨn 'regulə]

Merci. Bonne journée!

Mulțumesc. O zi bună!
[mulţsu'mesk. o zi 'bunə!]

En ville

Excusez-moi, …	**Îmi cer scuze.** [imĭ tʃer 'skuze]
Je cherche …	**Caut …** [kaut …]
le métro	**metroul** [me'troul]
mon hôtel	**hotelul** [ho'telul]
le cinéma	**cinematograful** [tʃinemato'graful]
un arrêt de taxi	**o staţie de taxi** [o 'statsie de ta'ksi]
un distributeur	**un bancomat** [un banko'mat]
un bureau de change	**un birou de schimb valutar** [un bi'rou de skimb valu'tar]
un café internet	**un internet café** [un inter'net kafé]
la rue …	**… strada** [… 'strada]
cette place-ci	**locul acesta** [lokul a'tʃesta]
Savez-vous où se trouve …?	**Ştiţi unde este …?** [ʃtitsĭ 'unde 'este …?]
Quelle est cette rue?	**Ce stradă este aceasta?** [tʃe 'stradə 'este a'tʃasta?]
Montrez-moi où sommes-nous, s'il vous plaît.	**Arătaţi-mi unde ne aflăm acum.** [arə'tatsi-mi 'unde ne afləm a'kum]
Est-ce que je peux y aller à pied?	**Pot ajunge acolo pe jos?** [pot a'ʒunʒe a'kolo pe ʒos?]
Avez-vous une carte de la ville?	**Aveţi o hartă a oraşului?** [a'vetsĭ o 'hartə a ora'ʃului?]
C'est combien pour un ticket?	**Cât costă un bilet de intrare?** [kît 'kostə un bi'let de in'trare?]
Est-ce que je peux faire des photos?	**Este permis fotografiatul aici?** [este per'mis fotogra'fjatul a'itʃĭ?]
Êtes-vous ouvert?	**Este deschis?** [este des'kis?]

À quelle heure ouvrez-vous?   **La ce oră deschideți?**
                                [la ʧe 'orə des'kidetsʲ?]

À quelle heure fermez-vous?   **La ce oră închideți?**
                                [la ʧe 'orə ɨn'kidetsʲ?]

L'argent

argent	**bani** ['bani]
argent liquide	**numerar** [nume'rar]
des billets	**bancnote** [bank'note]
petite monnaie	**mărunţiş** [mərun'tsiʃ]
l'addition | de la monnaie | le pourboire	**notă | rest | bacşiş** [notə | rest | bak'ʃiʃ]

carte de crédit	**card bancar** [kard ban'kar]
portefeuille	**portofel** [porto'fel]
acheter	**a cumpăra** [a kumpə'ra]
payer	**a plăti** [a plə'ti]
amende	**amendă** [a'mendə]
gratuit	**gratis** [gratis]

Où puis-je acheter ... ?	**De unde pot cumpăra …?** [de 'unde pot kumpə'ra …?]
Est-ce que la banque est ouverte en ce moment?	**Banca este deschisă acum?** [banka 'este des'kisə a'kum?]
À quelle heure ouvre-t-elle?	**Când deschide?** [kind des'kide?]
À quelle heure ferme-t-elle?	**Când închide?** [kind in'kide?]

C'est combien?	**Cât costă?** [kit 'kostə?]
Combien ça coûte?	**Cât costă asta?** [kit 'kostə 'asta?]
C'est trop cher.	**Este prea scump.** [este prʲa skump]

Excusez-moi, où est la caisse?	**Nu vă supăraţi, unde plătesc?** [nu və supə'ratsʲ, 'unde plə'tesk?]
L'addition, s'il vous plaît.	**Nota, vă rog.** [nota, və rog]

Puis-je payer avec la carte?	**Pot plăti cu cardul?** [pot plə'ti ku 'kardul?]
Est-ce qu'il y a un distributeur ici?	**Există vreun bancomat aici?** [e'gzistə 'vreun banko'mat a'itʃi?]
Je cherche un distributeur.	**Caut un bancomat.** [kaut un banko'mat]

Je cherche un bureau de change.	**Caut un birou de schimb valutar.** [kaut un bi'rou de skimb valu'tar]
Je voudrais changer ...	**Aş dori să schimb ...** [aʃ do'ri sə skimb ...]
Quel est le taux de change?	**Care este cursul de schimb?** [kare 'este 'kursul de skimb?]
Avez-vous besoin de mon passeport?	**Vă trebuie paşaportul meu?** [və 'trebuje paʃa'portul 'meu?]

Le temps

Quelle heure est-il?	**Cât este ceasul?** [kɨt 'este 'ʧasul?]
Quand?	**Când?** [kɨnd?]
À quelle heure?	**La ce oră?** [la ʧe 'orə?]
maintenant | plus tard | après …	**acum | mai târziu | după …** [a'kum | maj tɨr'zju | 'dupə …]

une heure	**ora unu** [ora 'unu]
une heure et quart	**unu şi un sfert** [unu ʃi un sfert]
une heure et demie	**unu şi jumătate** [unu ʃi ʒumə'tate]
deux heures moins quart	**unu patruzeci şi cinci** [unu patru'zeʧ ʃi 'ʧinʧ]

un | deux | trois	**unu | două | trei** [unu | 'dowə | trej]
quatre | cinq | six	**patru | cinci | şase** [patru | 'ʧinʧ | 'ʃase]
sept | huit | neuf	**şapte | opt | nouă** [ʃapte | opt | 'nowə]
dix | onze | douze	**zece | unsprezece | doisprezece** [zeʧe | 'unsprezeʧe | 'dojsprezeʧe]

dans …	**în …** [ɨn …]
cinq minutes	**cinci minute** [ʧinʧ mi'nute]
dix minutes	**zece minute** [zeʧe mi'nute]
quinze minutes	**cincisprezece minute** [ʧinʧisprezeʧe mi'nute]
vingt minutes	**douăzeci de minute** [dowə'zeʧi de mi'nute]

une demi-heure	**într-o jumătate de oră** [ɨntr-o ʒumə'tate de 'orə]
une heure	**într-o oră** [ɨntr-o 'orə]

dans la matinée	**dimineața** [dimi'nʲatsa]
tôt le matin	**dimineața devreme** [dimi'nʲatsa de'vreme]
ce matin	**dimineața aceasta** [dimi'nʲatsa a'tʃasta]
demain matin	**mâine dimineață** [mɨjne dimi'nʲatsə]
à midi	**la prânz** [la prɨnz]
dans l'après-midi	**după-masa** ['dupə-'masa]
dans la soirée	**seara** [sʲara]
ce soir	**diseară** [di'sʲarə]
la nuit	**noaptea** [no'aptʲa]
hier	**ieri** [jerʲ]
aujourd'hui	**azi** [azʲ]
demain	**mâine** [mɨjne]
après-demain	**poimâine** [po'imɨine]
Quel jour sommes-nous aujourd'hui?	**Ce zi este astăzi?** [tʃe zi 'este astəzʲ?]
Nous sommes ...	**Azi este ...** [azʲ 'este ...]
lundi	**Luni** [lunʲ]
mardi	**Marți** [martsʲ]
mercredi	**Miercuri** [mjerkurʲ]
jeudi	**Joi** [ʒoj]
vendredi	**Vineri** [vinerʲ]
samedi	**Sâmbătă** [sɨmbətə]
dimanche	**Duminică** [du'minikə]

Salutations - Introductions

Bonjour.

Bună ziua.
[bunə 'ziwa]

Enchanté /Enchantée/

Îmi pare bine.
[imʲ 'pare 'bine]

Moi aussi.

Şi mie.
[ʃi 'mie]

Je voudrais vous présenter ...

Aş vrea să vă fac cunoştinţă cu ...
[aʃ 'vrʲa sə və fak kunoʃ'tintsə ku ...]

Ravi de vous rencontrer.

Mă bucur de cunoştinţă.
[mə bukur de kunoʃ'tintsə]

Comment allez-vous?

Ce mai faceţi?
[tʃe maj 'fatʃetsʲ?]

Je m'appelle ...

Mă numesc ...
[mə nu'mesk ...]

Il s'appelle ...

El este ...
[el 'este ...]

Elle s'appelle ...

Ea este ...
[ʲa 'este ...]

Comment vous appelez-vous?

Cum vă numiţi?
[kum və nu'mitsʲ?]

Quel est son nom? (m)

Cum se numeşte dumnealui?
[kum se nu'meʃte dum'nalui?]

Quel est son nom? (f)

Cum se numeşte dumneaei?
[kum se nu'meʃte dumna'ej?]

Quel est votre nom de famille?

**Care este numele dumneavoastră
de familie?**
[kare 'este 'numele dumnʲavo'astrə
de fa'milie?]

Vous pouvez m'appeler ...

Îmi puteţi spune ...
[imʲ pu'tetsʲ 'spune ...]

D'où êtes-vous?

De unde sunteţi?
[de 'unde 'suntetsʲ?]

Je suis de ...

Sunt din ...
[sunt din ...]

Qu'est-ce que vous faites dans la vie?

Cu ce vă ocupaţi?
[ku tʃe və oku'patsʲ?]

Qui est-ce?

Cine este acesta /aceasta/?
[tʃine 'este a'tʃesta /a'tʃasta/?]

Qui est-il?

Cine este el?
[tʃine 'este el?]

Qui est-elle?	**Cine este ea?** [ʧine 'este ja?]
Qui sont-ils?	**Cine sunt ei /ele/?** [ʧine sunt ej /'ele/?]

C'est ...	**Acesta /Aceasta/ este ...** [a'ʧesta /a'ʧasta/ 'este ...]
mon ami	**prietenul meu** [pri'etenul 'meu]
mon amie	**prietena mea** [pri'etena mʲa]
mon mari	**soțul meu** [so'ʦul 'meu]
ma femme	**soția mea** [so'ʦia mʲa]

mon père	**tatăl meu** [tatəl 'meu]
ma mère	**mama mea** [mama mʲa]
mon frère	**fratele meu** [fratele 'meu]
ma sœur	**sora mea** [sora mʲa]
mon fils	**fiul meu** [fjul 'meu]
ma fille	**fiica mea** [fiika mʲa]

C'est notre fils.	**Acesta este fiul nostru.** [a'ʧesta 'este fjul 'nostru]
C'est notre fille.	**Aceasta este fiica noastră.** [a'ʧasta 'este 'fiika no'astrə]
Ce sont mes enfants.	**Aceștia sunt copiii mei.** [a'ʧeʃtja sunt ko'piij mej]
Ce sont nos enfants.	**Aceștia sunt copiii noștri.** [a'ʧeʃtja sunt ko'piij 'noʃtri]

Les adieux

Au revoir!	**Le revedere!** [le reve'dere!]
Salut!	**Pa!** [pa!]
À demain.	**Pe mâine.** [pe 'miine]
À bientôt.	**Pe curând.** [pe ku'rind]
On se revoit à sept heures.	**Ne vedem la şapte.** [ne ve'dem la 'ʃapte]
Amusez-vous bien!	**Distracţie plăcută!** [dis'trakʦie plə'kutə!]
On se voit plus tard.	**Ne auzim mai târziu.** [ne au'zim maj tir'zju]
Bonne fin de semaine.	**Week-end plăcut.** [wi'kend plə'kut]
Bonne nuit.	**Noapte bună.** [no'apte 'bunə]
Il est l'heure que je parte.	**E timpul să mă retrag.** [e 'timpul sə mə re'trag]
Je dois m'en aller.	**Trebuie să plec.** [trebuje sə plek]
Je reviens tout de suite.	**Revin imediat.** [re'vin ime'djat]
Il est tard.	**Este târziu.** [este tir'zju]
Je dois me lever tôt.	**Trebuie să mă trezesc devreme.** [trebuje sə mə tre'zesk de'vreme]
Je pars demain.	**Plec mâine.** [plek 'miine]
Nous partons demain.	**Plecăm mâine.** [plekəm 'miine]
Bon voyage!	**Călătorie plăcută!** [kələto'rie plə'kutə!]
Enchanté de faire votre connaissance.	**Mi-a părut bine de cunoştinţă.** [mia pə'rut 'bine de kunoʃ'tinʦə]
Heureux /Heureuse/ d'avoir parlé avec vous.	**Mi-a părut bine să stăm de vorbă.** [mia pə'rut 'bine sə stəm de 'vorbə]
Merci pour tout.	**Vă mulţumesc pentru tot.** [və mulʦu'mesk 'pentru tot]

Je me suis vraiment amusé /amusée/

M-am simțit foarte bine.
[mam sim'tsit fo'arte 'bine]

Nous nous sommes vraiment
amusés /amusées/

Ne-am simțit foarte bine.
[ne-am sim'tsit fo'arte 'bine]

C'était vraiment plaisant.

A fost minunat.
[a fost minu'nat]

Vous allez me manquer.

O să îți simt lipsa.
[o sə 'itsi simt 'lipsa]

Vous allez nous manquer.

Îți vom simți lipsa.
[itsi vom 'simtsi 'lipsa]

Bonne chance!

Noroc!
[no'rok!]

Mes salutations à …

Salută-l pe… /Salut-o pe …/
[sa'lutəl pe… /sa'luto pe …/]

Une langue étrangère

Je ne comprends pas.	**Nu înțeleg.** [nu intse'leg]
Écrivez-le, s'il vous plaît.	**Scrieți pe ceva, vă rog.** [skri'etsʲ pe tʃe'va, və rog]
Parlez-vous …?	**Vorbiți …?** [vor'bitsʲ …?]
Je parle un peu …	**Vorbesc puțină …** [vor'besk pu'tsinə …]
anglais	**engleză** [en'glezə]
turc	**turcă** ['turkə]
arabe	**arabă** [a'rabə]
français	**franceză** [fran'tʃezə]
allemand	**germană** [dʒer'manə]
italien	**italiană** [itali'anə]
espagnol	**spaniolă** [spa'njolə]
portugais	**portugheză** [portu'gezə]
chinois	**chineză** [ki'nezə]
japonais	**japoneză** [ʒapo'nezə]
Pouvez-vous le répéter, s'il vous plaît.	**Vă rog să repetați.** [və rog sə repe'tatsʲ]
Je comprends.	**Am înteles.** [am intse'les]
Je ne comprends pas.	**Nu înțeleg.** [nu intse'leg]
Parlez plus lentement, s'il vous plaît.	**Vă rog să vorbiți mai rar.** [və rog sə vor'bitsʲ maj rar]
Est-ce que c'est correct?	**Așa se spune?** [a'ʃa se 'spune?]
Qu'est-ce que c'est?	**Ce e asta?** [tʃe e 'asta?]

Les excuses

Excusez-moi, s'il vous plaît.	**Îmi cer scuze.** [ɨmʲ tʃer 'skuze]
Je suis désolé /désolée/	**Îmi pare rău.** [ɨmʲ 'pare rəu]
Je suis vraiment /désolée/	**Îmi pare foarte rău.** [ɨmʲ 'pare fo'arte rəu]
Désolé /Désolée/, c'est ma faute.	**Scuze, este vina mea.** [skuze, 'este 'vina mʲa]
Au temps pour moi.	**Am greşit.** [am gre'ʃit]
Puis-je ... ?	**Aş putea ...?** [aʃ pu'tʲa ...?]
Ça vous dérange si je ...?	**Vă deranjează dacă ...?** [və deran'ʒʲazə 'dake ...?]
Ce n'est pas grave.	**Nu face nimic.** [nu 'fatʃe ni'mik]
Ça va.	**Este în regulă.** [este ɨn 'regulə]
Ne vous inquiétez pas.	**Nu aveţi pentru ce.** [nu a'vetsʲ 'pentru tʃe]

Les accords

Oui	**Da.** [da]
Oui, bien sûr.	**Da, desigur.** [da, de'sigur]
Bien.	**Bine!** ['bine!]
Très bien.	**Foarte bine.** [fo'arte 'bine]
Bien sûr!	**Cu siguranță!** [ku sigu'rantsə!]
Je suis d'accord.	**Sunt de acord.** [sunt de a'kord]

C'est correct.	**Corect.** [ko'rekt]
C'est exact.	**Aşa e.** [a'ʃa e]
Vous avez raison.	**Ai dreptate.** [aj drep'tate]
Je ne suis pas contre.	**Nu mă deranjează.** [nu mə deran'ʒʲazə]
Tout à fait correct.	**Fix aşa.** [fiks aʃa]

C'est possible.	**Poate.** [po'ate]
C'est une bonne idée.	**E o idee bună.** [e o i'dee 'bunə]
Je ne peux pas dire non.	**Nu pot să refuz.** [nu pot sə re'fuz]
J'en serai ravi /ravie/	**Mi-ar face plăcere.** [mi-ar 'fatʃe plə'tʃere]
Avec plaisir.	**Cu plăcere.** [ku plə'tʃere]

Refus, exprimer le doute

Non	**Nu.** [nu]
Absolument pas.	**Cu siguranţă nu.** [ku sigu'ranţə nu]
Je ne suis pas d'accord.	**Nu sunt de acord.** [nu sunt de a'kord]
Je ne le crois pas.	**Nu cred.** [nu kred]
Ce n'est pas vrai.	**Nu e adevărat.** [nu e adevə'rat]

Vous avez tort.	**Vă înşelaţi.** [və înʃe'latsʲ]
Je pense que vous avez tort.	**Cred că faceţi o greşeală.** [kred tʃə 'fatʃetsʲ o gre'ʃalə]
Je ne suis pas sûr /sûre/	**Nu sunt sigur.** [nu sunt si'gur /si'gurə/]
C'est impossible.	**Este imposibil.** [este impo'sibil]
Pas du tout!	**Nici vorbă!** [nitʃi 'vorbə!]

Au contraire!	**Exact pe dos.** [e'gzakt pe dos]
Je suis contre.	**Sunt împotrivă.** [sunt împo'trivə]
Ça m'est égal.	**Nu-mi pasă.** [nu-mi 'pasə]
Je n'ai aucune idée.	**Nu am idee.** [nu am i'dee]
Je doute que cela soit ainsi.	**Mă cam îndoiesc.** [mə kam îndo'jesk]

Désolé /Désolée/, je ne peux pas.	**Îmi pare rău, nu pot.** [îmʲ 'pare rəu, nu pot]
Désolé /Désolée/, je ne veux pas.	**Îmi pare rău, nu vreau.** [îmʲ 'pare rəu, nu 'vrʲau]

Merci, mais ça ne m'intéresse pas.	**Mulţumesc dar nu am nevoie.** [mulţu'mesk dar nu am ne'voje]
Il se fait tard.	**Se face târziu.** [se 'fatʃe tîr'zju]

Je dois me lever tôt.   **Trebuie să mă trezesc devreme.**
                                         [trebuje sə mə tre'zesk de'vreme]

Je ne me sens pas bien.   **Nu mă simt bine.**
                                         [nu mə simt 'bine]

Exprimer la gratitude

Merci.	**Mulţumesc.** [mulʦu'mesk]
Merci beaucoup.	**Vă mulţumesc foarte mult.** [və mulʦu'mesk fo'arte mult]
Je l'apprécie beaucoup.	**Mulţumesc frumos.** [mulʦu'mesk fru'mos /frumo'asə/]
Je vous suis très reconnaissant.	**Vă sunt recunoscător /recunoscătoare/.** [və sunt rekunoskə'tor /rekunosketo'are/]
Nous vous sommes très reconnaissant.	**Vă suntem recunoscători.** [və 'suntem rekunoskə'tori]
Merci pour votre temps.	**Vă mulţumesc pentru timpul acordat.** [və mulʦu'mesk 'pentru 'timpul akor'dat]
Merci pour tout.	**Mulţumesc pentru tot.** [mulʦu'mesk 'pentru tot]
Merci pour …	**Mulţumesc pentru …** [mulʦu'mesk 'pentru …]
votre aide	**ajutor** [aʒu'tor]
les bons moments passés	**timpul petrecut împreună** [timpul petre'kut imprə'unə]
un repas merveilleux	**o masă excelentă** [o 'masə ekstʃe'lentə]
cette agréable soirée	**o seară plăcută** [o 'sʲarə plə'kutə]
cette merveilleuse journée	**o zi minunată** [o zi minu'natə]
une excursion extraordinaire	**o călătorie extraordinară** [o kələto'rie ekstraordi'narə]
Il n'y a pas de quoi.	**Nu aveţi pentru ce.** [nu a'veʦʲ 'pentru tʃe]
Vous êtes les bienvenus.	**Cu plăcere.** [ku plə'tʃere]
Mon plaisir.	**Oricând.** [ori'kind]
J'ai été heureux /heureuse/ de vous aider.	**Plăcerea este de partea mea.** [plə'tʃerʲa 'este de 'partʲa mʲa]

Ça va. N'y pensez plus.

N-ai pentru ce.
[naj 'pentru tʃe]

Ne vous inquiétez pas.

Pentru puţin.
[pentru put'sin]

Félicitations. Vœux de fête

Félicitations!

Felicitări!
[felitʃi'tɛri!]

Joyeux anniversaire!

La mulţi ani!
[la 'mulţsʲ anʲ!]

Joyeux Noël!

Crăciun fericit!
[krə'tʃiun feri'tʃit!]

Bonne Année!

Un An Nou fericit!
[un an nou feri'tʃit!]

Joyeuses Pâques!

Paşte fericit!
[paʃte feri'tʃit!]

Joyeux Hanoukka!

Hanuka fericită!
[hanuka feri'tʃitə!]

Je voudrais proposer un toast.

Aş dori să închin în toast.
[aʃ do'ri sə ɨn'kin ɨn tost]

Santé!

Noroc!
[no'rok!]

Buvons à …!

Să bem pentru …!
[sə bem 'pentru …!]

À notre succès!

Pentru succesul nostru!
[pentru suk'tʃesul 'nostru!]

À votre succès!

Pentru succesul dumneavoastră!
[pentru suk'tʃesul dumnʲavo'astrə!]

Bonne chance!

Baftă!
['baftə!]

Bonne journée!

Să aveţi o zi frumoasă!
[sə a'vetsʲ o zi frumo'asə!]

Passez de bonnes vacances !

Vacanţă plăcută!
[va'kantsə plə'kutə!]

Bon voyage!

Drum bun!
[drum bun!]

Rétablissez-vous vite.

Multă sănătate!
[multə sənə'tate!]

Socialiser

Pourquoi êtes-vous si triste?
De ce eşti supărat /supărată/?
[de tʃe 'eʃtʲ supə'rat /supə'ratə/?]

Souriez!
Zâmbeşte!
[zim'beʃte!]

Êtes-vous libre ce soir?
Eşti liber /liberă/ în seara asta?
[eʃtʲ 'liber /'liberə/ in 'sʲara 'asta?]

Puis-je vous offrir un verre?
Pot să îţi fac cinste cu o băutură?
[pot sə 'itsʲ fak 'tʃinste ku o bəu'turə?]

Voulez-vous danser?
Vrei să dansezi?
[vrej sə dan'sezi?]

Et si on va au cinéma?
Hai să mergem la film.
[haj sə 'merdʒem la film]

Puis-je vous inviter ...
Pot să te invit la ...?
[pot sə te in'vit la ...?]

au restaurant
un restaurant
[un restau'rant]

au cinéma
film
[film]

au théâtre
teatru
[te'atru]

pour une promenade
o plimbare
[o plim'bare]

À quelle heure?
La ce oră?
[la tʃe 'orə?]

ce soir
diseară
[di'sʲarə]

à six heures
la şase
[la 'ʃase]

à sept heures
la şapte
[la 'ʃapte]

à huit heures
la opt
[la opt]

à neuf heures
la nouă
[la 'nowə]

Est-ce que vous aimez cet endroit?
Îţi place aici?
[itsʲ 'platʃie a'itʃi?]

Êtes-vous ici avec quelqu'un?
Eşti cu cineva?
[eʃtʲ ku tʃine'va?]

Je suis avec mon ami.
Sunt cu un prieten /o prietenă/.
[sunt ku un pri'eten /o pri'etenə/]

Je suis avec mes amis.

Sunt cu niște prieteni.
[sunt ku 'niʃte pri'etenj]

Non, je suis seul /seule/

Nu, sunt singur /'singurə/.
[nu, sunt 'singur /'singurə/]

As-tu un copain?

Ai prieten?
[aj pri'eten?]

J'ai un copain.

Am prieten.
[am pri'eten]

As-tu une copine?

Ai prietenă?
[aj pri'etenə?]

J'ai une copine.

Am prietenă.
[am pri'etenə]

Est-ce que je peux te revoir?

Pot să te mai văd?
[pot sə te maj vəd?]

Est-ce que je peux t'appeler?

Pot să te sun?
[pot sə te sun?]

Appelle-moi.

Sună-mă.
['sunə-mə]

Quel est ton numéro?

Care este numărul tău de telefon?
[kare 'este 'numərul təu de tele'fon?]

Tu me manques.

Mi-e dor de tine.
[mi-e dor de 'tine]

Vous avez un très beau nom.

Ce nume frumos ai.
[tʃe 'nume 'frumos aj]

Je t'aime.

Te iubesc.
[te ju'besk]

Veux-tu te marier avec moi?

Vrei să fii soția mea?
[vrej sə fii sot'sia mʲa?]

Vous plaisantez!

Glumești!
[glu'meʃti!]

Je plaisante.

Glumeam.
[glu'mʲam]

Êtes-vous sérieux /sérieuse/?

Vorbiți serios?
[vor'bitsʲ se'rjos?]

Je suis sérieux /sérieuse/

Vorbesc serios.
[vor'besk se'rjos]

Vraiment?!

Serios?!
[se'rjos?!]

C'est incroyable!

Incredibil!
[inkre'dibil!]

Je ne vous crois pas.

Nu vă cred.
[nu və kred]

Je ne peux pas.

Nu pot.
[nu pot]

Je ne sais pas.

Nu știu.
[nu 'ʃtiu]

Je ne vous comprends pas

Nu vă înțeleg.
[nu və intse'leg]

Laissez-moi! Allez-vous-en!

Laissez-moi tranquille!

Vă rog să plecați.
[və rog sə ple'katsʲ]

Lăsați-mă în pace!
[lə'satsi-mə in 'patʃe!]

Je ne le supporte pas.

Vous êtes dégoûtant!

Je vais appeler la police!

Nu pot să îl sufăr.
[nu pot sə il 'sufər]

Sunteți enervant!
[sun'tetsʲ ener'vant!]

Chem poliția!
[kem po'liitsʲa!]

Partager des impressions. Émotions

J'aime ça.
Îmi place.
[imʲ ˈplatʃe]

C'est gentil.
Foarte drăguț.
[foˈarte drəˈguts]

C'est super!
Minunat!
[minuˈnat!]

C'est assez bien.
Nu e rău.
[nu e rəu]

Je n'aime pas ça.
Nu îmi place.
[nu imj ˈplatʃe]

Ce n'est pas bien.
Nu e bine.
[nu e ˈbine]

C'est mauvais.
E grav.
[e grav]

Ce n'est pas bien du tout.
E foarte grav.
[e foˈarte grav]

C'est dégoûtant.
E dezgustător.
[e dezgustəˈtor]

Je suis content /contente/
Sunt fericit /fericită/.
[sunt feriˈtʃit /feriˈtʃite/]

Je suis heureux /heureuse/
Sunt mulțumit /mulțumită/.
[sunt multsuˈmit /multsuˈmite/]

Je suis amoureux /amoureuse/
Sunt îndrăgostit /îndrăgostită/.
[sunt indrəgosˈtit /indrəgosˈtite/]

Je suis calme.
Sunt calm /calmă/.
[sunt kalm /ˈkalme/]

Je m'ennuie.
Mă plictisesc.
[mə pliktiˈsesk]

Je suis fatigué /fatiguée/
Sunt obosit /obosită/.
[sunt oboˈsit /oboˈsite/]

Je suis triste.
Sunt trist /tristă/.
[sunt trist /ˈtriste/]

J'ai peur.
Mi-e frică.
[mi-e ˈfrike]

Je suis fâché /fâchée/
Sunt nervos /nervoasă/.
[sunt nerˈvos /nervoˈase/]

Je suis inquiet /inquiète/
Sunt îngrijorat /îngrijorată/.
[sunt ingriʒoˈrat /ingriʒoˈrate/]

Je suis nerveux /nerveuse/
Sunt neliniștit /neliniștită/.
[sunt neliniʃˈtit /neliniʃˈtite/]

Je suis jaloux /jalouse/

Sunt gelos /geloasă/.
[sunt ʤe'los /ʤelo'asə/]

Je suis surpris /surprise/

Sunt surprins /surprinsă/.
[sunt sur'prins /sur'prinsə/]

Je suis gêné /gênée/

Sunt nedumerit /nedumerită/.
[sunt nedume'rit /nedume'ritə/]

Problèmes. Accidents

J'ai un problème.	**Am o problemă.** [am o pro'blemə]
Nous avons un problème.	**Avem o problemă.** [a'vem o pro'blemə]
Je suis perdu /perdue/	**M-am rătăcit.** [mam rətə'ʧit]
J'ai manqué le dernier bus (train).	**Am pierdut ultimul autobuz (tren).** [am 'pjerdut 'ultimul auto'buz (tren)]
Je n'ai plus d'argent.	**Am rămas fără niciun ban.** [am rə'mas 'fərə 'niʧiun ban]

J'ai perdu mon ...	**Mi-am pierdut ...** [mi-am 'pjerdut ...]
On m'a volé mon ...	**Cineva mi-a furat ...** [ʧine'va mi-a fu'rat ...]
passeport	**paşaportul** [paʃa'portul]
portefeuille	**portofelul** [porto'felul]
papiers	**actele** ['aktele]
billet	**biletul** [bi'letul]

argent	**banii** ['banii]
sac à main	**geanta** [ʤanta]
appareil photo	**aparat (n) foto** [apa'rat 'foto]
portable	**laptopul** [ləp'topul]
ma tablette	**tableta** [tab'leta]
mobile	**telefonul mobil** [tele'fonul mo'bil]

Au secours!	**Ajutaţi-mă!** [aʒu'taʦi-mə!]
Qu'est-il arrivé?	**Ce s-a întâmplat?** [ʧe sa intim'plat?]
un incendie	**incendiu** [in'ʧendju]

des coups de feu	**împuşcături** [impuʃkə'turi]
un meurtre	**crimă** ['krimə]
une explosion	**explozie** [eks'plozie]
une bagarre	**luptă** ['luptə]

Appelez la police!	**Chemați poliția!** [ke'matsʲ po'litsja!]
Dépêchez-vous, s'il vous plaît!	**Grabiți-vă, vă rog!** [gra'bitsi-və, və rog!]
Je cherche le commissariat de police.	**Caut secția de poliție.** [kaut 'sektsja de po'litsje]
Il me faut faire un appel.	**Trebuie să dau un telefon.** [trebuje sə dau un tele'fon]
Puis-je utiliser votre téléphone?	**Pot folosi telefonul dumneavoastră?** [pot folo'si tele'fonul dumnʲavo'astrə?]

J'ai été …	**Am fost …** [am fost …]
agressé /agressée/	**tâlhărit /tâlhărită/** [tilhə'rit /tilhə'ritə/]
volé /volée/	**jefuit /jefuită/** [ʒefu'it /ʒefu'itə/]
violée	**violată** [vio'latə]
attaqué /attaquée/	**atacat /atacată/** [ata'kat /ata'katə/]

Est-ce que ça va?	**Sunteți bine?** [sun'tetsʲ 'bine?]
Avez-vous vu qui c'était?	**Ați văzut cine era?** [atsʲ və'zut tʃine e'ra?]
Pourriez-vous reconnaître cette personne?	**Ați fi în stare să recunoaşteți făptaşul?** [atsʲ fi in 'stare sə re'kunoaʃtetsi fəpta'ʃul?]
Vous êtes sûr?	**Sunteți sigur /sigură/?** [sun'tetsʲ 'sigur /'sigurə/?]

Calmez-vous, s'il vous plaît.	**Vă rog să vă calmați.** [və rog sə və kal'matsʲ]
Calmez-vous!	**Liniştiți-vă!** [lini'ʃtitsi-və!]
Ne vous inquiétez pas.	**Nu vă faceți griji!** [nu və 'fatʃetsʲ griʒʲ!]
Tout ira bien.	**Totul va fi bine.** [totul va fi 'bine]
Ça va. Tout va bien.	**Totul este în regulă.** [totul 'este in 'regulə]

Venez ici, s'il vous plaît.

Veniți aici, vă rog.
[ve'nitsi a'itʃi, və rog]

J'ai des questions à vous poser.

Am câteva întrebări pentru dumneavoastră.
[am kite'va intre'bərj 'pentru dumniavo'astrə]

Attendez un moment, s'il vous plaît.

Așteptați o clipă, vă rog.
[aʃtep'tatsʲ o 'klipə, və rog]

Avez-vous une carte d'identité?

Aveți vreun act de identitate?
[a'vetsʲ 'vreun akt de identi'tate?]

Merci. Vous pouvez partir maintenant.

Mulțumesc. Puteți pleca acum.
[mulʦu'mesk. Pu'tetsʲ ple'ka a'kum]

Les mains derrière la tête!

Mâinile la ceafă!
[mijnile la 'tʃafə!]

Vous êtes arrêté!

Sunteți arestat /arestată/!
[sun'tetsʲ ares'tat /ares'tatə/!]

Problèmes de santé

Aidez-moi, s'il vous plaît.	**Vă rog să mă ajutați.** [və rog sə mə aʒuˈtatsⁱ]
Je ne me sens pas bien.	**Mi-e rău.** [mi-e ˈrəu]
Mon mari ne se sent pas bien.	**Soțului meu îi este rău.** [sotsului ˈmeu ii ˈeste rəu]
Mon fils …	**Fiului meu …** [fjului ˈmeu …]
Mon père …	**Tatălui meu …** [tatəlui ˈmeu …]
Ma femme ne se sent pas bien.	**Soției mele îi este rău.** [soˈtsiej ˈmele ii ˈeste rəu]
Ma fille …	**Fiicei mele …** [fiitʃej ˈmele …]
Ma mère …	**Mamei mele …** [mamej ˈmele …]
J'ai mal …	**Mă doare …** [mə doˈare …]
à la tête	**capul** [ˈkapul]
à la gorge	**în gât** [in git]
à l'estomac	**stomacul** [stoˈmakul]
aux dents	**o măsea** [o məˈsⁱa]
J'ai le vertige.	**Sunt amețit /amețită/.** [sunt ameˈtsit /ameˈtsitə/]
Il a de la fièvre.	**El are febră.** [el are ˈfebrə]
Elle a de la fièvre.	**Ea are febră.** [ja are ˈfebrə]
Je ne peux pas respirer.	**Nu pot să respir.** [nu pot sə resˈpir]
J'ai du mal à respirer.	**Respir greu.** [resˈpir ˈgreu]
Je suis asthmatique.	**Am astm.** [am astm]
Je suis diabétique.	**Am diabet.** [am diaˈbet]

Je ne peux pas dormir.

Nu pot să form.
[nu pot sə form]

intoxication alimentaire

intoxicaţie alimentară
[intoksi'katsie alimen'tarə]

Ça fait mal ici.

Mă doare aici.
[mə do'are a'itʃi]

Aidez-moi!

Ajutor!
[aʒu'tor!]

Je suis ici!

Sunt aici!
[sunt a'itʃi!]

Nous sommes ici!

Suntem aici!
[suntem a'itʃi!]

Sortez-moi d'ici!

Scoateţi-mă de aici!
[skoa'tetsi-mə de a'itʃi!]

J'ai besoin d'un docteur.

Am nevoie de un doctor.
[am ne'voje de un dok'tor]

Je ne peux pas bouger!

Nu pot să mă mişc.
[nu pot sə mə miʃk]

Je ne peux pas bouger mes jambes.

Nu îmi pot mişca picioarele.
[nu imj pot 'miʃka pitʃio'arele]

Je suis blessé /blessée/

Sunt rănit /rănită/.
[sunt rə'nit /rə'nitə/]

Est-ce que c'est sérieux?

Este grav?
[este grav?]

Mes papiers sont dans ma poche.

Actele mele sunt în buzunar.
[aktele 'mele sunt in buzu'nar]

Calmez-vous!

Calmaţi-vă!
[kal'matsi-və!]

Puis-je utiliser votre téléphone?

Pot folosi telefonul dumneavoastră?
[pot folo'si tele'fonul dumnʲavo'astrə?]

Appelez une ambulance!

Chemaţi o ambulanţă!
[ke'matsʲ o ambu'lantsə!]

C'est urgent!

Este urgent!
[este ur'dʒent!]

C'est une urgence!

Este o urgenţă!
[este o ur'dʒentsə!]

Dépêchez-vous, s'il vous plaît!

Grabiţi-vă, vă rog!
[gra'bitsi-və, və rog!]

Appelez le docteur, s'il vous plaît.

Vreţi să chemaţi un doctor?
[vretsʲ sə ke'matsʲ un 'doktor?]

Où est l'hôpital?

Unde este spitalul?
[unde 'este spi'talul?]

Comment vous sentez-vous?

Cum vă simţiţi?
[kum və sim'tsitsʲ?]

Est-ce que ça va?

Sunteţi bine?
[sun'tetsʲ 'bine?]

Qu'est-il arrivé?

Ce s-a întâmplat?
[tʃe sa intim'plat?]

Je me sens mieux maintenant.

Mă simt mai bine acum.
[mə simt maj 'bine a'kum]

Ça va. Tout va bien.

E bine.
[e 'bine]

Ça va.

E în regulă.
[e ɨn 'regulə]

À la pharmacie

pharmacie	**farmacie** [farma'tʃie]
pharmacie 24 heures	**farmacie non-stop** [farma'tʃie non-stop]
Où se trouve la pharmacie la plus proche?	**Unde este cea mai apropiată farmacie?** [unde 'este tʃa maj apro'pjate farma'tʃie?]

Est-elle ouverte en ce moment?	**Este deschis acum?** [este des'kis a'kum?]
À quelle heure ouvre-t-elle?	**La ce oră deschide?** [la tʃe 'ore des'kide?]
à quelle heure ferme-t-elle?	**La ce oră închide?** [la tʃe 'ore ɨn'kide?]

C'est loin?	**Este departe?** [este de'parte?]
Est-ce que je peux y aller à pied?	**Pot merge pe jos până acolo?** [pot 'merdʒe pe ʒos 'pɨne a'kolo?]
Pouvez-vous me le montrer sur la carte?	**Îmi puteți arăta pe hartă?** [ɨmʲ pu'tetsʲ are'ta pe 'harte?]

Pouvez-vous me donner quelque chose contre ...	**Vă rog să îmi dați ceva pentru ...** [ve rog se ɨmʲ 'datsʲ tʃe'va 'pentru ...]
le mal de tête	**durere de cap** [du'rere de kap]
la toux	**tuse** ['tuse]
le rhume	**răceală** [re'tʃale]
la grippe	**gripă** ['gripe]

la fièvre	**febră** ['febre]
un mal d'estomac	**durere de stomac** [du'rere de sto'mak]
la nausée	**greață** [grʲatse]
la diarrhée	**diaree** [dia'ree]
la constipation	**constipație** [konsti'patsie]

un mal de dos	**durere de spate** [du'rere de 'spate]
les douleurs de poitrine	**durere în piept** [du'rere in pjept]
les points de côté	**junghi lateral** [ʒungʲ late'ral]
les douleurs abdominales	**durere abdominală** [du'rere abdomi'nalə]

une pilule	**pastilă** [pas'tilə]
un onguent, une crème	**unguent, cremă** [ungu'ent, 'kremə]
un sirop	**sirop** [si'rop]
un spray	**spray** [spraj]
les gouttes	**dropsuri** [dropsurʲ]

Vous devez allez à l'hôpital.	**Trebuie să mergeți la spital.** [trebuje sə mer'dʒetsʲ la spi'tal]
assurance maladie	**asigurare de sănătate** [asigu'rare de sənə'tate]
prescription	**rețetă** [re'tsetə]
produit anti-insecte	**produs anti insecte** [pro'dus 'anti in'sektə]
bandages adhésifs	**plasture** ['plasture]

Les essentiels

Excusez-moi, ...

Nu vă supărați, ...
[nu və supə'rats^j, ...]

Bonjour

Buna ziua.
[buna 'ziwa]

Merci

Mulțumesc.
[mulțsu'mesk]

Au revoir

La revedere.
[la reve'dere]

Oui

Da.
[da]

Non

Nu.
[nu]

Je ne sais pas.

Nu știu.
[nu 'ʃtiu]

Où? (~ es-tu?) | Où? (~ vas-tu?) |
Quand?

Unde? | Încotro? | Când?
[unde? | ɨnko'tro? | kɨnd?]

J'ai besoin de ...

Am nevoie de ...
[am ne'voje de ...]

Je veux ...

Vreau ...
[vr^jau ...]

Avez-vous ... ?

Aveți ...?
[a'vets^j ...?]

Est-ce qu'il y a ... ici?

Există ... aici?
[e'gzistə ... a'itʃi?]

Puis-je ... ?

Pot ...?
[pot ...?]

s'il vous plaît (pour une demande)

..., vă rog
[..., və rog]

Je cherche ...

Caut ...
[kaut ...]

les toilettes

o toaletă
[o toa'letə]

un distributeur

un bancomat
[un banko'mat]

une pharmacie

o farmacie
[o farma'tʃie]

l'hôpital

un spital
[un spi'tal]

le commissariat de police

o secție de poliție
[o 'sektsie de po'litsie]

une station de métro

un metrou
[un me'trou]

un taxi	**un taxi** [un taˈksi]
la gare	**o gară** [o ˈɡarə]

Je m'appelle …	**Numele meu este …** [numele ˈmeu ˈeste …]
Comment vous appelez-vous?	**Cum vă numiți?** [kum və nuˈmitsʲ?]
Aidez-moi, s'il vous plaît.	**Mă puteți ajuta, vă rog?** [mə puˈtetsʲ aʒuˈta, və roɡ?]
J'ai un problème.	**Am o problemă.** [am o proˈblemə]
Je ne me sens pas bien.	**Mi-e rău.** [mi-e ˈrəu]
Appelez une ambulance!	**Chemați o ambulanță!** [keˈmatsʲ o ambuˈlantsə!]
Puis-je faire un appel?	**Pot să dau un telefon?** [pot sə dau un teleˈfon?]

Excusez-moi.	**Îmi pare rău.** [imʲ ˈpare rəu]
Je vous en prie.	**Cu plăcere.** [ku pləˈtʃere]

je, moi	**Eu** [eu]
tu, toi	**tu** [tu]
il	**el** [el]
elle	**ea** [ja]
ils	**ei** [ej]
elles	**ele** [ˈele]
nous	**noi** [noj]
vous	**voi** [voj]
Vous	**dumneavoastră** [dumnʲavoˈastrə]

ENTRÉE	**INTRARE** [inˈtrare]
SORTIE	**IEŞIRE** [jeˈʃire]
HORS SERVICE | EN PANNE	**DEFECT** [deˈfekt]
FERMÉ	**ÎNCHIS** [inˈkis]

OUVERT

DESCHIS
[des'kis]

POUR LES FEMMES

PENTRU FEMEI
[pentru fe'mej]

POUR LES HOMMES

PENTRU BĂRBAȚI
[pentru bər'batsʲ]

T&P BOOKS

VOCABULAIRE
THÉMATIQUE

Cette section contient plus
de 3000 des mots les plus
importants. Le dictionnaire
sera d'une aide indispensable
lors de voyages à l'étranger
puisque les mots individuels
sont souvent assez pour être
compris. Le dictionnaire
comprend une transcription
utile de chaque mot

T&P Books Publishing

CONTENU DU DICTIONNAIRE

T&P Books Publishing

T&P BOOKS

CONCEPTS DE BASE

T&P Books Publishing

1. Les pronoms

je	**eu**	[eu]
tu	**tu**	[tu]
il	**el**	[el]
elle	**ea**	[ˈa]
nous	**noi**	[noj]
vous	**voi**	[ˈvoj]
ils	**ei**	[ˈej]
elles	**ele**	[ˈele]

2. Adresser des vœux. Se dire bonjour

Bonjour! (fam.)	**Bună ziua!**	[ˈbunə ˈziwa]
Bonjour! (form.)	**Bună ziua!**	[ˈbunə ˈziwa]
Bonjour! (le matin)	**Bună dimineața!**	[ˈbunə dimiˈnʲaʦa]
Bonjour! (après-midi)	**Bună ziua!**	[ˈbunə ˈziwa]
Bonsoir!	**Bună seara!**	[ˈbunə ˈsʲara]
dire bonjour	**a se saluta**	[a se saluˈta]
Salut!	**Salut!**	[saˈlut]
salut (m)	**salut** (n)	[saˈlut]
saluer (vt)	**a saluta**	[a saluˈta]
Comment ça va?	**Ce mai faci?**	[ʧie maj ˈfaʧi]
Quoi de neuf?	**Ce mai e nou?**	[ʧe maj e ˈnou]
Au revoir!	**La revedere!**	[la reveˈdere]
À bientôt!	**Pe curând!**	[pe kuˈrind]
Adieu! (fam.)	**Rămâi cu bine!**	[rəˈmij ku ˈbine]
Adieu! (form.)	**Rămâneți cu bine!**	[rəmiˈneʦ ku ˈbine]
dire au revoir	**a-și lua rămas bun**	[aʃ luˈa rəˈmas bun]
Salut! (À bientôt!)	**Pa!**	[pa]
Merci!	**Mulțumesc!**	[mulʦuˈmesk]
Merci beaucoup!	**Mulțumesc mult!**	[mulʦuˈmesk mult]
Je vous en prie	**Cu plăcere**	[ku pləˈʧere]
Il n'y a pas de quoi	**Pentru puțin**	[ˈpentru puˈʦin]
Pas de quoi	**Pentru puțin**	[ˈpentru puˈʦin]
Excuse-moi!	**Scuză-mă!**	[ˈskuzəmə]
Excusez-moi!	**Scuzați-mă!**	[skuˈzaʦimə]
excuser (vt)	**a scuza**	[a skuˈza]

s'excuser (vp)	**a cere scuze**	[a 'ʧere 'skuze]
Mes excuses	**Cer scuze**	[ʧer 'skuze]
Pardonnez-moi!	**Lertaţi-mă!**	[er'tatsimə]
pardonner (vt)	**a ierta**	[a er'ta]
s'il vous plaît	**vă rog**	[və rog]
N'oubliez pas!	**Nu uitaţi!**	[nu uj'tatsʲ]
Bien sûr!	**Desigur!**	[de'sigur]
Bien sûr que non!	**Desigur ca nu!**	[de'sigur kə nu]
D'accord!	**Sunt de acord!**	[sunt de a'kord]
Ça suffit!	**Ajunge!**	[a'ʒunʤe]

3. Les questions

Qui?	**Cine?**	['ʧine]
Quoi?	**Ce?**	[ʧe]
Où? (~ es-tu?)	**Unde?**	['unde]
Où? (~ vas-tu?)	**Unde?**	['unde]
D'où?	**De unde?**	[de 'unde]
Quand?	**Când?**	[kind]
Pourquoi? (~ es-tu venu?)	**Pentru ce?**	['pentru ʧe]
Pourquoi? (~ t'es pâle?)	**De ce?**	[de ʧe]
À quoi bon?	**Pentru ce?**	['pentru ʧe]
Comment?	**Cum?**	[kum]
Quel? (à ~ prix?)	**Care?**	['kare]
Lequel?	**Care?**	['kare]
À qui? (pour qui?)	**Cui?**	[kuj]
De qui?	**Despre cine?**	['despre 'ʧine]
De quoi?	**Despre ce?**	['despre ʧe]
Avec qui?	**Cu cine?**	[ku 'ʧine]
Combien? (dénombr.)	**Cât? Câtă?**	[kit], ['kitə]
Combien? (indénombr.)	**Câţi? Câte?**	[kits], ['kite]
À qui? (~ est ce livre?)	**Al cui?**	['al kuj]
À qui? (objet, fem.)	**A cui?**	[a kuj]
À qui? (objets, pl)	**Ai cui?, Ale cui?**	[aj kuj], ['ale kuj]

4. Les prépositions

avec (~ toi)	**cu**	[ku]
sans (~ sucre)	**fără**	[fərə]
à (aller ~ ...)	**la**	[la]
de (au sujet de)	**despre**	['despre]
avant (~ midi)	**înainte de**	[ina'inte de]
devant (~ la maison)	**înaintea**	[ina'intʲa]
sous (~ la commode)	**sub**	[sub]

au-dessus de …	deasupra	[dʲa'supra]
sur (dessus)	pe	[pe]
de (venir ~ Paris)	din	[din]
en (en bois, etc.)	din	[din]
dans (~ deux heures)	peste	['peste]
par dessus	prin	[prin]

5. Les mots-outils. Les adverbes. Partie 1

Où? (~ es-tu?)	Unde?	['unde]
ici (c'est ~)	aici	[a'itʃi]
là-bas (c'est ~)	acolo	[a'kolo]
quelque part (être)	undeva	[unde'va]
nulle part (adv)	nicăieri	[nikə'erʲ]
près de …	lângă …	['lɨngə]
près de la fenêtre	lângă fereastră	['lɨngə fe'rʲastrə]
Où? (~ vas-tu?)	Unde?	['unde]
ici (Venez ~)	aici	[a'itʃi]
là-bas (j'irai ~)	acolo	[a'kolo]
d'ici (adv)	de aici	[de a'itʃi]
de là-bas (adv)	de acolo	[de a'kolo]
près (pas loin)	aproape	[apro'ape]
loin (adv)	departe	[de'parte]
près de (~ Paris)	alături	[a'ləturʲ]
tout près (adv)	alături	[a'ləturʲ]
pas loin (adv)	aproape	[apro'ape]
gauche (adj)	stâng	[stɨng]
à gauche (être ~)	din stânga	[din 'stɨnga]
à gauche (tournez ~)	în stânga	[ɨn 'stɨnga]
droit (adj)	drept	[drept]
à droite (être ~)	din dreapta	[din 'drʲapta]
à droite (tournez ~)	în dreapta	[ɨn 'drʲapta]
devant (adv)	în faţă	[ɨn 'fatsə]
de devant (adj)	din faţă	[din 'fatsə]
en avant (adv)	înainte	[ɨna'inte]
derrière (adv)	în urmă	[ɨn 'urmə]
par derrière (adv)	din spate	[din 'spate]
en arrière (regarder ~)	înapoi	[ɨna'poj]
milieu (m)	mijloc (n)	['miʒlok]
au milieu (adv)	la mijloc	[la 'miʒlok]

de côté (vue ~)	dintr-o parte	['dintro 'parte]
partout (adv)	peste tot	['peste tot]
autour (adv)	în jur	[ɨn ʒur]

de l'intérieur	dinăuntru	[dinə'untru]
quelque part (aller)	undeva	[unde'va]
tout droit (adv)	direct	[di'rekt]
en arrière (revenir ~)	înapoi	[ɨna'poj]

| de quelque part (n'import d'où) | de undeva | [de unde'va] |
| de quelque part (on ne sait pas d'où) | de undeva | [de unde'va] |

premièrement (adv)	în primul rând	[ɨn 'primul rɨnd]
deuxièmement (adv)	în al doilea rând	[ɨn al 'dojlʲa rɨnd]
troisièmement (adv)	în al treilea rând	[ɨn al 'trejlʲa rɨnd]

soudain (adv)	deodată	[deo'datə]
au début (adv)	la început	[la ɨntʃe'put]
pour la première fois	prima dată	['prima 'datə]
bien avant ...	cu mult timp înainte de ...	[ku mult timp ɨna'inte de]
de nouveau (adv)	din nou	[din 'nou]
pour toujours (adv)	pentru totdeauna	['pentru totdʲa'una]

jamais (adv)	niciodată	[nitʃio'datə]
de nouveau, encore (adv)	iarăşi	['jarəʃ]
maintenant (adv)	acum	[a'kum]
souvent (adv)	des	[des]
alors (adv)	atunci	[a'tuntʃi]
d'urgence (adv)	urgent	[ur'dʒent]
d'habitude (adv)	de obicei	[de obi'tʃej]

à propos, ...	apropo	[apro'po]
c'est possible	posibil	[po'sibil]
probablement (adv)	probabil	[pro'babil]
peut-être (adv)	poate	[po'ate]
en plus, ...	în afară de aceasta, ...	[ɨn a'farə de a'tʃasta]
c'est pourquoi ...	de aceea	[de a'tʃeja]
malgré ...	deşi ...	[de'ʃi]
grâce à ...	datorită ...	[dato'ritə]
quoi (pron)	ce	[tʃe]
que (conj)	că	[kə]
quelque chose (Il m'est arrivé ~)	ceva	[tʃe'va]
quelque chose (peut-on faire ~)	ceva	[tʃe'va]
rien (m)	nimic	[ni'mik]
qui (pron)	cine	['tʃine]
quelqu'un (on ne sait pas qui)	cineva	[tʃine'va]

quelqu'un (n'importe qui)	cineva	[ʧineˈva]
personne (pron)	nimeni	[ˈnimenʲ]
nulle part (aller ~)	nicăieri	[nikəˈerʲ]
de personne	al nimănui	[al niməˈnuj]
de n'importe qui	al cuiva	[al kujˈva]

comme ça (adv)	aşa	[aˈʃa]
également (adv)	de asemenea	[de aˈsemenʲa]
aussi (adv)	la fel	[la fel]

6. Les mots-outils. Les adverbes. Partie 2

Pourquoi?	De ce?	[de ʧe]
pour une certaine raison	nu se ştie de ce	[nu se ˈʃtie de ʧe]
parce que …	pentru că …	[ˈpentru kə]
pour une raison quelconque	cine ştie pentru ce	[ˈʧine ˈʃtie ˈpentru ʧe]

et (conj)	şi	[ʃi]
ou (conj)	sau	[ˈsau]
mais (conj)	dar	[dar]
pour … (prep)	pentru	[ˈpentru]

trop (adv)	prea	[prʲa]
seulement (adv)	numai	[ˈnumaj]
précisément (adv)	exact	[eˈgzakt]
près de … (prep)	vreo	[ˈvrəo]

approximativement	aproximativ	[aproksimaˈtiv]
approximatif (adj)	aproximativ	[aproksimaˈtiv]
presque (adv)	aproape	[aproˈape]
reste (m)	restul	[ˈrestul]

chaque (adj)	fiecare	[fieˈkare]
n'importe quel (adj)	oricare	[oriˈkare]
beaucoup (adv)	mult	[mult]
plusieurs (pron)	mulţi	[mulʦ]
tous	toţi	[toʦ]

en échange de …	în schimb la …	[ɨn ˈskimb la]
en échange (adv)	în schimbul	[ɨn ˈskimbul]
à la main (adv)	manual	[manuˈal]
peu probable (adj)	puţin probabil	[puˈʦin proˈbabil]

probablement (adv)	probabil	[proˈbabil]
exprès (adv)	intenţionat	[intenʦioˈnat]
par accident (adv)	întâmplător	[intimpləˈtor]

| très (adv) | foarte | [foˈarte] |
| par exemple (adv) | de exemplu | [de eˈgzemplu] |

entre (prep)	**între**	['intre]
parmi (prep)	**printre**	['printre]
autant (adv)	**atât**	[a'tit]
surtout (adv)	**mai ales**	[maj a'les]

T&P BOOKS

NOMBRES. DIVERS

T&P Books Publishing

zéro	zero	['zero]
un	unu	['unu]
deux	doi	[doj]
trois	trei	[trej]
quatre	patru	['patru]

cinq	cinci	[ʧinʧ]
six	şase	['ʃase]
sept	şapte	['ʃapte]
huit	opt	[opt]
neuf	nouă	['nowə]

dix	zece	['zeʧe]
onze	unsprezece	['unsprezeʧe]
douze	doisprezece	['dojsprezeʧe]
treize	treisprezece	['trejsprezeʧe]
quatorze	paisprezece	['pajsprezeʧe]

quinze	cincisprezece	['ʧinʧsprezeʧe]
seize	şaisprezece	['ʃajsprezeʧe]
dix-sept	şaptesprezece	['ʃaptesprezeʧe]
dix-huit	optsprezece	['optsprezeʧe]
dix-neuf	nouăsprezece	['nowəsprezeʧe]

vingt	douăzeci	[dowə'zeʧi]
vingt et un	douăzeci şi unu	[dowə'zeʧi ʃi 'unu]
vingt-deux	douăzeci şi doi	[dowə'zeʧi ʃi doj]
vingt-trois	douăzeci şi trei	[dowə'zeʧi ʃi trej]

trente	treizeci	[trej'zeʧi]
trente et un	treizeci şi unu	[trej'zeʧi ʃi 'unu]
trente-deux	treizeci şi doi	[trej'zeʧi ʃi doj]
trente-trois	treizeci şi trei	[trej'zeʧi ʃi trej]

quarante	patruzeci	[patru'zeʧi]
quarante et un	patruzeci şi unu	[patru'zeʧi ʃi 'unu]
quarante-deux	patruzeci şi doi	[patru'zeʧi ʃi doj]
quarante-trois	patruzeci şi trei	[patru'zeʧi ʃi trej]

cinquante	cincizeci	[ʧinʧ'zeʧ]
cinquante et un	cincizeci şi unu	[ʧinʧ'zeʧ ʃi 'unu]
cinquante-deux	cincizeci şi doi	[ʧinʧ'zeʧ ʃi doj]
cinquante-trois	cincizeci şi trei	[ʧinʧ'zeʧ ʃi trej]
soixante	şaizeci	[ʃaj'zeʧi]

soixante et un	şaizeci şi unu	[ʃaj'zetʃi ʃi 'unu]
soixante-deux	şaizeci şi doi	[ʃaj'zetʃi ʃi doj]
soixante-trois	şaizeci şi trei	[ʃaj'zetʃi ʃi trej]

soixante-dix	şaptezeci	[ʃapte'zetʃi]
soixante et onze	şaptezeci şi unu	[ʃapte'zetʃi ʃi 'unu]
soixante-douze	şaptezeci şi doi	[ʃapte'zetʃi ʃi doj]
soixante-treize	şaptezeci şi trei	[ʃapte'zetʃi ʃi trej]

quatre-vingts	optzeci	[opt'zetʃi]
quatre-vingt et un	optzeci şi unu	[opt'zetʃi ʃi 'unu]
quatre-vingt deux	optzeci şi doi	[opt'zetʃi ʃi doj]
quatre-vingt trois	optzeci şi trei	[opt'zetʃi ʃi trej]

quatre-vingt-dix	nouăzeci	[nowə'zetʃi]
quatre-vingt et onze	nouăzeci şi unu	[nowə'zetʃi ʃi 'unu]
quatre-vingt-douze	nouăzeci şi doi	[nowə'zetʃi ʃi doj]
quatre-vingt-treize	nouăzeci şi trei	[nowə'zetʃi ʃi trej]

8. Les nombres cardinaux. Partie 2

cent	o sută	[o 'sutə]
deux cents	două sute	['dowə 'sute]
trois cents	trei sute	[trej 'sute]
quatre cents	patru sute	['patru 'sute]
cinq cents	cinci sute	[tʃintʃ 'sute]

six cents	şase sute	['ʃase 'sute]
sept cents	şapte sute	['ʃapte 'sute]
huit cents	opt sute	[opt 'sute]
neuf cents	nouă sute	['nowə 'sute]

mille	o mie	[o 'mie]
deux mille	două mii	['dowə mij]
trois mille	trei mii	[trej mij]
dix mille	zece mii	['zetʃe mij]
cent mille	o sută de mii	[o 'sutə de mij]
million (m)	milion (n)	[mi'ljon]
milliard (m)	miliard (n)	[mi'ljard]

9. Les nombres ordinaux

premier (adj)	primul	['primul]
deuxième (adj)	al doilea	[al 'dojlʲa]
troisième (adj)	al treilea	[al 'trejlʲa]
quatrième (adj)	al patrulea	[al 'patrulʲa]
cinquième (adj)	al cincilea	[al 'tʃintʃilʲa]
sixième (adj)	al şaselea	[al 'ʃaselʲa]

septième (adj)	al şaptelea	[al 'ʃaptelʲa]
huitième (adj)	al optulea	[al 'optulʲa]
neuvième (adj)	al nouălea	[al 'nowəlʲa]
dixième (adj)	al zecelea	[al 'zetʃelʲa]

T&P BOOKS

LES COULEURS.
LES UNITÉS DE MESURE

T&P Books Publishing

couleur (f)	culoare (f)	[kulo'are]
teinte (f)	nuanţă (f)	[nu'antsə]
ton (m)	ton (n)	[ton]
arc-en-ciel (m)	curcubeu (n)	[kurku'beu]
blanc (adj)	**alb**	[alb]
noir (adj)	**negru**	['negru]
gris (adj)	**sur**	['sur]
vert (adj)	**verde**	['verde]
jaune (adj)	**galben**	['galben]
rouge (adj)	**roşu**	['roʃu]
bleu (adj)	**albastru închis**	[al'bastru i'nkis]
bleu clair (adj)	**albastru deschis**	[al'bastru des'kis]
rose (adj)	**roz**	['roz]
orange (adj)	**portocaliu**	[portoka'lju]
violet (adj)	**violet**	[vio'let]
brun (adj)	**cafeniu**	[kafe'nju]
d'or (adj)	**de culoarea aurului**	[de kulo'arʲa 'auruluj]
argenté (adj)	**argintiu**	[ardʒin'tju]
beige (adj)	**bej**	[beʒ]
crème (adj)	**crem**	[krem]
turquoise (adj)	**turcoaz**	[turko'az]
rouge cerise (adj)	**vişiniu**	[viʃi'nju]
lilas (adj)	**lila**	[li'la]
framboise (adj)	**de culoarea zmeurei**	[de kulo'arʲa 'zmeurej]
clair (adj)	**de culoare deschisă**	[de kulo'are des'kisə]
foncé (adj)	**de culoare închisă**	[de kulo'are i'nkisə]
vif (adj)	**aprins**	[a'prins]
de couleur (adj)	**colorat**	[kolo'rat]
en couleurs (adj)	**color**	[ko'lor]
noir et blanc (adj)	**alb-negru**	[alb 'negru]
unicolore (adj)	**monocrom**	[mono'krom]
multicolore (adj)	**multicolor**	[multiko'lor]

| poids (m) | **greutate** (f) | [greu'tate] |
| longueur (f) | **lungime** (f) | [lun'dʒime] |

largeur (f)	lăţime (f)	[lə'tsime]
hauteur (f)	înălţime (f)	[inəl'tsime]
profondeur (f)	adâncime (f)	[adin'tʃime]
volume (m)	volum (n)	[vo'lum]
aire (f)	suprafaţă (f)	[supra'fatsə]
gramme (m)	gram (n)	[gram]
milligramme (m)	miligram (n)	[mili'gram]
kilogramme (m)	kilogram (n)	[kilo'gram]
tonne (f)	tonă (f)	['tonə]
livre (f)	funt (m)	[funt]
once (f)	uncie (f)	['untʃie]
mètre (m)	metru (m)	['metru]
millimètre (m)	milimetru (m)	[mili'metru]
centimètre (m)	centimetru (m)	[tʃenti'metru]
kilomètre (m)	kilometru (m)	[kilo'metru]
mille (m)	milă (f)	['milə]
pouce (m)	ţol (m)	[tsol]
pied (m)	picior (m)	[pi'tʃior]
yard (m)	yard (m)	[jard]
mètre (m) carré	metru (m) pătrat	['metru pə'trat]
hectare (m)	hectar (n)	[hek'tar]
litre (m)	litru (m)	['litru]
degré (m)	grad (n)	[grad]
volt (m)	volt (m)	[volt]
ampère (m)	amper (m)	[am'per]
cheval-vapeur (m)	cal-putere (m)	[kal pu'tere]
quantité (f)	cantitate (f)	[kanti'tate]
un peu de …	puţin …	[pu'tsin]
moitié (f)	jumătate (f)	[ʒumə'tate]
douzaine (f)	duzină (f)	[du'zinə]
pièce (f)	bucată (f)	[bu'katə]
dimension (f)	dimensiune (f)	[dimensi'une]
échelle (f) (de la carte)	proporţie (f)	[pro'portsie]
minimal (adj)	minim	['minim]
le plus petit (adj)	cel mai mic	[tʃel maj mik]
moyen (adj)	de, din mijloc	[de, din 'miʒlok]
maximal (adj)	maxim	['maksim]
le plus grand (adj)	cel mai mare	[tʃel maj 'mare]

12. Les récipients

bocal (m) en verre	borcan (n)	[bor'kan]
boîte, canette (f)	cutie (f)	[ku'tie]

seau (m)	**găleată** (f)	[gə'lʲatə]
tonneau (m)	**butoi** (n)	[bu'toj]
bassine, cuvette (f)	**lighean** (n)	[li'gʲan]
cuve (f)	**rezervor** (n)	[rezer'vor]
flasque (f)	**damigeană** (f)	[dami'dʒanə]
jerrican (m)	**canistră** (f)	[ka'nistrə]
citerne (f)	**cisternă** (f)	[tʃis'ternə]
tasse (f), mug (m)	**cană** (f)	['kanə]
tasse (f)	**ceaşcă** (f)	['tʃaʃkə]
soucoupe (f)	**farfurioară** (f)	[farfurio'arə]
verre (m) (~ d'eau)	**pahar** (n)	[pa'har]
verre (m) à vin	**cupă** (f)	['kupə]
faitout (m)	**cratiţă** (f)	['kratitsə]
bouteille (f)	**sticlă** (f)	['stiklə]
goulot (m)	**gâtul** (n) **sticlei**	['gɨtul 'stiklej]
carafe (f)	**garafă** (f)	[ga'rafə]
pichet (m)	**ulcior** (n)	[ul'tʃior]
récipient (m)	**vas** (n)	[vas]
pot (m)	**oală** (f)	[o'alə]
vase (m)	**vază** (f)	['vazə]
flacon (m)	**flacon** (n)	[fla'kon]
fiole (f)	**sticluţă** (f)	[sti'klutsə]
tube (m)	**tub** (n)	[tub]
sac (m) (grand ~)	**sac** (m)	[sak]
sac (m) (~ en plastique)	**pachet** (n)	[pa'ket]
paquet (m) (~ de cigarettes)	**pachet** (n)	[pa'ket]
boîte (f)	**cutie** (f)	[ku'tie]
caisse (f)	**ladă** (f)	['ladə]
panier (m)	**coş** (n)	[koʃ]

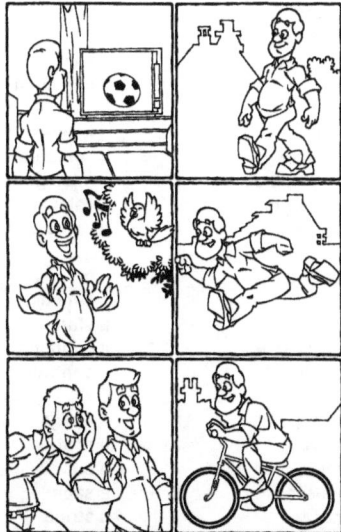

LES VERBES
LES PLUS IMPORTANTS

T&P Books Publishing

aider (vt)	a ajuta	[a aʒu'ta]
aimer (qn)	a iubi	[a ju'bi]
aller (à pied)	a merge	[a 'merdʒe]
apercevoir (vt)	a observa	[a obser'va]
appartenir à …	a aparţine	[a apar'ʦine]

appeler (au secours)	a chema	[a ke'ma]
attendre (vt)	a aştepta	[a aʃtep'ta]
attraper (vt)	a prinde	[a 'prinde]
avertir (vt)	a avertiza	[a averti'za]

avoir (vt)	a avea	[a a'vʲa]
avoir confiance	a avea încredere	[a a'vʲa ɨn'kredere]
avoir faim	a fi foame	[a fi fo'ame]

avoir peur	a se teme	[a se 'teme]
avoir soif	a fi sete	[a fi 'sete]
cacher (vt)	a ascunde	[a as'kunde]
casser (briser)	a rupe	[a 'rupe]
cesser (vt)	a înceta	[a anʧe'ta]

changer (vt)	a schimba	[a skim'ba]
chasser (animaux)	a vâna	[a vi'na]
chercher (vt)	a căuta	[a kəu'ta]
choisir (vt)	a alege	[a a'ledʒe]
commander (~ le menu)	a comanda	[a koman'da]

commencer (vt)	a începe	[a ɨn'ʧepe]
comparer (vt)	a compara	[a kompa'ra]
comprendre (vt)	a înţelege	[a ɨnʦe'ledʒe]
compter (dénombrer)	a calcula	[a kalku'la]
compter sur …	a conta pe …	[a kon'ta pe]

confondre (vt)	a încurca	[a ɨnkur'ka]
connaître (qn)	a cunoaşte	[a kuno'aʃte]
conseiller (vt)	a sfătui	[a sfətu'i]
continuer (vt)	a continua	[a kontinu'a]
contrôler (vt)	a controla	[a kontro'la]

courir (vi)	a alerga	[a aler'ga]
coûter (vt)	a costa	[a kos'ta]
créer (vt)	a crea	[a 'krʲa]
creuser (vt)	a săpa	[a sə'pa]
crier (vi)	a striga	[a stri'ga]

14. Les verbes les plus importants. Partie 2

décorer (~ la maison)	a împodobi	[a împodo'bi]
défendre (vt)	a apăra	[a ape'ra]
déjeuner (vi)	a lua prânzul	[a lu'a 'prînzul]
demander (~ l'heure)	a întreba	[a între'ba]
demander (de faire qch)	a cere	[a 'ʧere]
descendre (vi)	a coborî	[a kobo'rɨ]
deviner (vt)	a ghici	[a gi'ʧi]
dîner (vi)	a cina	[a ʧi'na]
dire (vt)	a spune	[a 'spune]
diriger (~ une usine)	a conduce	[a kon'duʧe]
discuter (vt)	a discuta	[a disku'ta]
donner (vt)	a da	[a da]
donner un indice	a face aluzie	[a 'faʧe a'luzie]
douter (vt)	a se îndoi	[a se îndo'i]
écrire (vt)	a scrie	[a 'skrie]
entendre (bruit, etc.)	a auzi	[a au'zi]
entrer (vi)	a intra	[a in'tra]
envoyer (vt)	a trimite	[a tri'mite]
espérer (vi)	a spera	[a spe'ra]
essayer (vt)	a încerca	[a înʧer'ka]
être (vi)	a fi	[a fi]
être d'accord	a fi de acord	[a fi de a'kord]
être nécessaire	a fi necesar	[a fi neʧe'sar]
être pressé	a se grăbi	[a se grə'bi]
étudier (vt)	a studia	[a studi'a]
exiger (vt)	a cere	[a 'ʧere]
exister (vi)	a exista	[a ekzis'ta]
expliquer (vt)	a explica	[a ekspli'ka]
faire (vt)	a face	[a 'faʧe]
faire tomber	a scăpa	[a skə'pa]
finir (vt)	a termina	[a termi'na]
garder (conserver)	a păstra	[a pəs'tra]
gronder, réprimander (vt)	a certa	[a ʧer'ta]
informer (vt)	a informa	[a infor'ma]
insister (vi)	a insista	[a insis'ta]
insulter (vt)	a jigni	[a ʒig'ni]
inviter (vt)	a invita	[a invi'ta]
jouer (s'amuser)	a juca	[a ʒu'ka]

15. Les verbes les plus importants. Partie 3

libérer (ville, etc.)	a elibera	[a elibe'ra]
lire (vi, vt)	a citi	[a tʃi'ti]
louer (prendre en location)	a închiria	[a inkiri'ja]
manquer (l'école)	a lipsi	[a lip'si]
menacer (vt)	a amenința	[a amenin'tsa]
mentionner (vt)	a menționa	[a mentsio'na]
montrer (vt)	a arăta	[a arə'ta]
nager (vi)	a înota	[a ino'ta]
objecter (vt)	a contrazice	[a kontra'zitʃe]
observer (vt)	a observa	[a obser'va]
ordonner (mil.)	a ordona	[a ordo'na]
oublier (vt)	a uita	[a uj'ta]
ouvrir (vt)	a deschide	[a des'kide]
pardonner (vt)	a ierta	[a er'ta]
parler (vi, vt)	a vorbi	[a vor'bi]
participer à ...	a participa	[a partitʃi'pa]
payer (régler)	a plăti	[a plə'ti]
penser (vi, vt)	a se gândi	[a se gin'di]
permettre (vt)	a permite	[a per'mite]
plaire (être apprécié)	a plăcea	[a plə'tʃa]
plaisanter (vi)	a glumi	[a glu'mi]
planifier (vt)	a planifica	[a planifi'ka]
pleurer (vi)	a plânge	[a 'plindʒe]
posséder (vt)	a poseda	[a pose'da]
pouvoir (v aux)	a putea	[a pu'tʲa]
préférer (vt)	a prefera	[a prefe'ra]
prendre (vt)	a lua	[a lu'a]
prendre en note	a nota	[a no'ta]
prendre le petit déjeuner	a lua micul dejun	[a lu'a 'mikul de'ʒun]
préparer (le dîner)	a găti	[a gə'ti]
prévoir (vt)	a prevedea	[a preve'dʲa]
prier (~ Dieu)	a se ruga	[a se ru'ga]
promettre (vt)	a promite	[a pro'mite]
prononcer (vt)	a pronunța	[a pronun'tsa]
proposer (vt)	a propune	[a pro'pune]
punir (vt)	a pedepsi	[a pedep'si]

16. Les verbes les plus importants. Partie 4

recommander (vt)	a recomanda	[a rekoman'da]
regretter (vt)	a regreta	[a regre'ta]

répéter (dire encore)	a repeta	[a repe'ta]
répondre (vi, vt)	a răspunde	[a rəs'punde]
réserver (une chambre)	a rezerva	[a rezer'va]
rester silencieux	a tăcea	[a tə'tʃa]
réunir (regrouper)	a uni	[a u'ni]
rire (vi)	a râde	[a 'ride]
s'arrêter (vp)	a se opri	[a se o'pri]
s'asseoir (vp)	a se aşeza	[a se aʃə'za]
sauver (la vie à qn)	a salva	[a sal'va]
savoir (qch)	a şti	[a ʃti]
se baigner (vp)	a se scălda	[a se skəl'da]
se plaindre (vp)	a se plânge	[a se 'plindʒe]
se refuser (vp)	a refuza	[a refu'za]
se tromper (vp)	a greşi	[a gre'ʃi]
se vanter (vp)	a se lăuda	[a se ləu'da]
s'étonner (vp)	a se mira	[a se mi'ra]
s'excuser (vp)	a cere scuze	[a 'tʃere 'skuze]
signer (vt)	a semna	[a sem'na]
signifier (vt)	a însemna	[a insem'na]
s'intéresser (vp)	a se interesa	[a se intere'sa]
sortir (aller dehors)	a ieşi	[a e'ʃi]
sourire (vi)	a zâmbi	[a zim'bi]
sous-estimer (vt)	a subaprecia	[a subapretʃi'a]
suivre ... (suivez-moi)	a urma	[a ur'ma]
tirer (vi)	a trage	[a 'tradʒə]
tomber (vi)	a cădea	[a kə'dʲa]
toucher (avec les mains)	a atinge	[a a'tindʒe]
tourner (~ à gauche)	a întoarce	[a into'artʃe]
traduire (vt)	a traduce	[a tra'dutʃe]
travailler (vi)	a lucra	[a lu'kra]
tromper (vt)	a minţi	[a min'tsi]
trouver (vt)	a găsi	[a gə'si]
tuer (vt)	a omorî	[a omo'ri]
vendre (vt)	a vinde	[a 'vinde]
venir (vi)	a sosi	[a so'si]
voir (vt)	a vedea	[a ve'dʲa]
voler (avion, oiseau)	a zbura	[a zbu'ra]
voler (qch à qn)	a fura	[a fu'ra]
vouloir (vt)	a vrea	[a vrʲa]

T&P BOOKS

LA NOTION DE TEMPS. LE CALENDRIER

T&P Books Publishing

lundi (m)	**luni** (f)	[lunʲ]
mardi (m)	**marţi** (f)	['marts ʲ]
mercredi (m)	**miercuri** (f)	['merkur ʲ]
jeudi (m)	**joi** (f)	[ʒoj]
vendredi (m)	**vineri** (f)	['viner ʲ]
samedi (m)	**sâmbătă** (f)	['simbətə]
dimanche (m)	**duminică** (f)	[du'minikə]
aujourd'hui (adv)	**astăzi**	['astəz ʲ]
demain (adv)	**mâine**	['mɨjne]
après-demain (adv)	**poimâine**	[poj'mɨne]
hier (adv)	**ieri**	[jer ʲ]
avant-hier (adv)	**alaltăieri**	[a'laltəer ʲ]
jour (m)	**zi** (f)	[zi]
jour (m) ouvrable	**zi** (f) **de lucru**	[zi de 'lukru]
jour (m) férié	**zi** (f) **de sărbătoare**	[zi de sərbəto'are]
jour (m) de repos	**zi** (f) **liberă**	[zi 'liberə]
week-end (m)	**zile** (f pl) **de odihnă**	['zile de o'dihnə]
toute la journée	**toată ziua**	[to'atə 'ziwa]
le lendemain	**a doua zi**	['dowa zi]
il y a 2 jours	**cu două zile în urmă**	[ku 'dowə 'zile ɨn 'urmə]
la veille	**în ajun**	[ɨn a'ʒun]
quotidien (adj)	**zilnic**	['zilnik]
tous les jours	**în fiecare zi**	[ɨn fie'kare zi]
semaine (f)	**săptămână** (f)	[səptə'mɨnə]
la semaine dernière	**săptămâna trecută**	[səptə'mɨna tre'kutə]
la semaine prochaine	**săptămâna viitoare**	[səptə'mɨna viito'are]
hebdomadaire (adj)	**săptămânal**	[səptəmi'nal]
chaque semaine	**în fiecare săptămână**	[ɨn fie'kare səptə'mɨnə]
2 fois par semaine	**de două ori**	[de 'dowə or ʲ
	pe săptămână	pe səptə'mɨnə]
tous les mardis	**în fiecare marţi**	[ɨn fie'kare 'marts]

matin (m)	**dimineaţă** (f)	[dimi'nʲatsə]
le matin	**dimineaţa**	[dimi'nʲatsa]
midi (m)	**amiază** (f)	[a'mjazə]
dans l'après-midi	**după masă**	['dupə 'masə]

soir (m)	seară (f)	['sʲarə]
le soir	seara	['sʲara]
nuit (f)	noapte (f)	[no'apte]
la nuit	noaptea	[no'aptʲa]
minuit (f)	miezul (n) nopții	['mezul 'noptsij]

seconde (f)	secundă (f)	[se'kundə]
minute (f)	minut (n)	[mi'nut]
heure (f)	oră (f)	['orə]
demi-heure (f)	jumătate de oră	[ʒumə'tate de 'orə]
un quart d'heure	un sfert de oră	[un sfert de 'orə]
quinze minutes	cincisprezece minute	['tʃintʃsprezetʃe mi'nute]
vingt-quatre heures	o zi (f)	[o zi]

lever (m) du soleil	răsărit (n)	[rəsə'rit]
aube (f)	zori (m pl)	[zorʲ]
point (m) du jour	zori (m pl) de zi	[zorʲ de zi]
coucher (m) du soleil	apus (n)	[a'pus]

tôt le matin	dimineața devreme	[dimi'nʲatsa de'vreme]
ce matin	azi dimineață	[azʲ dimi'nʲatsə]
demain matin	mâine dimineață	['mɨjne dimi'nʲatsə]

cet après-midi	această după-amiază	[a'tʃaste 'dupa ami'azə]
dans l'après-midi	după masă	['dupə 'masə]
demain après-midi	mâine după-masă	['mɨjne 'dupə 'masə]

ce soir	astă-seară	['astə 'sʲarə]
demain soir	mâine seară	['mɨjne 'sʲarə]

à 3 heures précises	la ora trei fix	[la 'ora trej fiks]
autour de 4 heures	în jur de ora patru	[ɨn ʒur de 'ora 'patru]
vers midi	pe la ora douăsprezece	[pe la 'ora 'dowəsprezetʃe]

dans 20 minutes	peste douăzeci de minute	['peste dowə'zetʃi de mi'nute]
dans une heure	peste o oră	['peste o 'orə]
à temps	la timp	[la timp]

... moins le quart	fără un sfert	['fərə un sfert]
en une heure	în decurs de o oră	[ɨn de'kurs de o 'orə]
tous les quarts d'heure	la fiecare cincisprezece minute	[la fie'kare 'tʃintʃsprezetʃe mi'nute]
24 heures sur 24	zi și noapte	[zi ʃi no'apte]

19. Les mois. Les saisons

janvier (m)	ianuarie (m)	[janu'arie]
février (m)	februarie (m)	[febru'arie]
mars (m)	martie (m)	['martie]

avril (m)	**aprilie** (m)	[a'prilie]
mai (m)	**mai** (m)	[maj]
juin (m)	**iunie** (m)	['junie]
juillet (m)	**iulie** (m)	['julie]
août (m)	**august** (m)	['august]
septembre (m)	**septembrie** (m)	[sep'tembrie]
octobre (m)	**octombrie** (m)	[ok'tombrie]
novembre (m)	**noiembrie** (m)	[no'embrie]
décembre (m)	**decembrie** (m)	[de'tʃembrie]
printemps (m)	**primăvară** (f)	[primə'varə]
au printemps	**primăvara**	[primə'vara]
de printemps (adj)	**de primăvară**	[de primə'varə]
été (m)	**vară** (f)	['varə]
en été	**vara**	['vara]
d'été (adj)	**de vară**	[de 'varə]
automne (m)	**toamnă** (f)	[to'amnə]
en automne	**toamna**	[to'amna]
d'automne (adj)	**de toamnă**	[de to'amnə]
hiver (m)	**iarnă** (f)	['jarnə]
en hiver	**iarna**	['jarna]
d'hiver (adj)	**de iarnă**	[de 'jarnə]
mois (m)	**lună** (f)	['lunə]
ce mois	**în luna curentă**	[ɨn 'luna ku'rentə]
le mois prochain	**în luna următoare**	[ɨn 'luna urməto'are]
le mois dernier	**în luna trecută**	[ɨn 'luna tre'kutə]
il y a un mois	**o lună în urmă**	[o 'lunə ɨn 'urmə]
dans un mois	**peste o lună**	['peste o 'lunə]
dans 2 mois	**peste două luni**	['peste 'dowə lunʲ]
tout le mois	**luna întreagă**	['luna ɨn'trʲagə]
tout un mois	**o lună întreagă**	[o 'lunə ɨn'trʲagə]
mensuel (adj)	**lunar**	[lu'nar]
mensuellement	**în fiecare lună**	[ɨn fie'kare 'lunə]
chaque mois	**fiecare lună**	[fie'kare 'lunə]
2 fois par mois	**de două ori pe lună**	[de 'dowə orʲ pe 'lunə]
année (f)	**an** (m)	[an]
cette année	**anul acesta**	['anul a'tʃesta]
l'année prochaine	**anul viitor**	['anul vii'tor]
l'année dernière	**anul trecut**	['anul tre'kut]
il y a un an	**acum un an**	[a'kum un an]
dans un an	**peste un an**	['peste un an]
dans 2 ans	**peste doi ani**	['peste doj anʲ]
toute l'année	**tot anul**	[tot 'anul]

toute une année	**un an întreg**	[un an in'treg]
chaque année	**în fiecare an**	[in fie'kare an]
annuel (adj)	**anual**	[anu'al]
annuellement	**în fiecare an**	[in fie'kare an]
4 fois par an	**de patru ori pe an**	[de 'patru orɨ pe an]

date (f) (jour du mois)	**dată** (f)	['datə]
date (f) (~ mémorable)	**dată** (f)	['datə]
calendrier (m)	**calendar** (n)	[kalen'dar]

six mois	**jumătate** (f) **de an**	[ʒumə'tate de an]
semestre (m)	**jumătate** (f) **de an**	[ʒumə'tate de an]
saison (f)	**sezon** (n)	[se'zon]
siècle (m)	**veac** (n)	[vʲak]

LES VOYAGES. L'HÔTEL

T&P Books Publishing

tourisme (m)	**turism** (n)	[tu'rism]
touriste (m)	**turist** (m)	[tu'rist]
voyage (m) (à l'étranger)	**călătorie** (f)	[kələto'rie]
aventure (f)	**aventură** (f)	[aven'turə]
voyage (m)	**voiaj** (n)	[vo'jaʒ]
vacances (f pl)	**concediu** (n)	[kon'tʃedju]
être en vacances	**a fi în concediu**	[a fi in kon'tʃedju]
repos (m) (jours de ~)	**odihnă** (f)	[o'dihnə]
train (m)	**tren** (n)	[tren]
en train	**cu trenul**	[ku 'trenul]
avion (m)	**avion** (n)	[a'vjon]
en avion	**cu avionul**	[ku a'vjonul]
en voiture	**cu automobilul**	[ku automo'bilul]
en bateau	**cu vaporul**	[ku va'porul]
bagage (m)	**bagaj** (n)	[ba'gaʒ]
malle (f)	**valiză** (f)	[va'lizə]
chariot (m)	**cărucior** (n) **pentru bagaj**	[kəru'tʃior 'pentru ba'gaʒ]
passeport (m)	**paşaport** (n)	[paʃa'port]
visa (m)	**viză** (f)	['vizə]
ticket (m)	**bilet** (n)	[bi'let]
billet (m) d'avion	**bilet** (n) **de avion**	[bi'let de a'vjon]
guide (m) (livre)	**ghid** (m)	[gid]
carte (f)	**hartă** (f)	['hartə]
région (f) (~ rurale)	**localitate** (f)	[lokali'tate]
endroit (m)	**loc** (n)	[lok]
exotisme (m)	**exotism** (n)	[egzo'tism]
exotique (adj)	**exotic**	[e'gzotik]
étonnant (adj)	**uimitor**	[ujmi'tor]
groupe (m)	**grup** (n)	[grup]
excursion (f)	**excursie** (f)	[eks'kursie]
guide (m) (personne)	**ghid** (m)	[gid]

hôtel (m)	**hotel** (n)	[ho'tel]
motel (m)	**motel** (n)	[mo'tel]

3 étoiles	**trei stele**	[trej 'stele]
5 étoiles	**cinci stele**	[tʃintʃ 'stele]
descendre (à l'hôtel)	**a se opri**	[a se o'pri]

chambre (f)	**cameră** (f)	['kamerə]
chambre (f) simple	**cameră pentru o persoană** (n)	['kamere 'pentru o perso'ane]
chambre (f) double	**cameră pentru două persoane** (n)	['kamere 'pentru 'dowe perso'ane]
réserver une chambre	**a rezerva o cameră**	[a rezer'va o 'kamere]

| demi-pension (f) | **demipensiune** (f) | [demipensi'une] |
| pension (f) complète | **pensiune** (f) | [pensi'une] |

avec une salle de bain	**cu baie**	[ku 'bae]
avec une douche	**cu duş**	[ku duʃ]
télévision (f) par satellite	**televiziune** (f) **prin satelit**	[televizi'une 'prin sate'lit]
climatiseur (m)	**aer** (n) **condiţionat**	['aer konditsio'nat]
serviette (f)	**prosop** (n)	[pro'sop]
clé (f)	**cheie** (f)	['kee]

administrateur (m)	**administrator** (m)	[adminis'trator]
femme (f) de chambre	**femeie** (f) **de serviciu**	[fe'mee de ser'vitʃiu]
porteur (m)	**hamal** (m)	[ha'mal]
portier (m)	**portar** (m)	[por'tar]

restaurant (m)	**restaurant** (n)	[restau'rant]
bar (m)	**bar** (n)	[bar]
petit déjeuner (m)	**micul dejun** (n)	['mikul de'ʒun]
dîner (m)	**cină** (f)	['tʃine]
buffet (m)	**masă suedeză** (f)	['mase sue'deze]

| hall (m) | **vestibul** (n) | [vesti'bul] |
| ascenseur (m) | **lift** (n) | [lift] |

| PRIÈRE DE NE PAS DÉRANGER | **NU DERANJAŢI!** | [nu deran'ʒats] |
| DÉFENSE DE FUMER | **NU FUMAŢI!** | [nu fu'mats] |

22. Le tourisme

monument (m)	**monument** (n)	[monu'ment]
forteresse (f)	**cetate** (f)	[tʃe'tate]
palais (m)	**palat** (n)	[pa'lat]
château (m)	**castel** (n)	[kas'tel]
tour (f)	**turn** (n)	[turn]
mausolée (m)	**mausoleu** (n)	[mawzo'leu]

| architecture (f) | **arhitectură** (f) | [arhitek'ture] |
| médiéval (adj) | **medieval** | [medie'val] |

ancien (adj)	**vechi**	[vekʲ]
national (adj)	**național**	[natsio'nal]
connu (adj)	**cunoscut**	[kunos'kut]
touriste (m)	**turist** (m)	[tu'rist]
guide (m) (personne)	**ghid** (m)	[gid]
excursion (f)	**excursie** (f)	[eks'kursie]
montrer (vt)	**a arăta**	[a arə'ta]
raconter (une histoire)	**a povesti**	[a poves'ti]
trouver (vt)	**a găsi**	[a gə'si]
se perdre (vp)	**a se pierde**	[a se 'pjerde]
plan (m) (du metro, etc.)	**schemă** (f)	['skemə]
carte (f) (de la ville, etc.)	**plan** (m)	[plan]
souvenir (m)	**suvenir** (n)	[suve'nir]
boutique (f) de souvenirs	**magazin** (n) **de suveniruri**	[maga'zin de suve'nirurʲ]
prendre en photo	**a fotografia**	[a fotografi'ja]
se faire prendre en photo	**a se fotografia**	[a se fotografi'ja]

LES TRANSPORTS

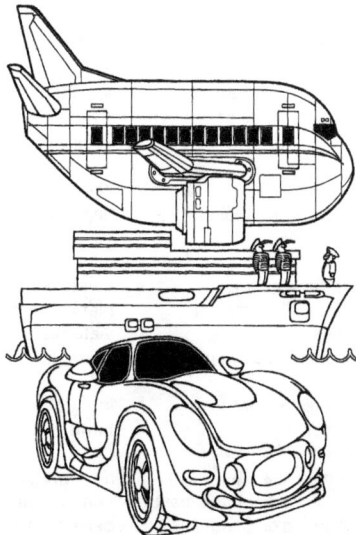

T&P Books Publishing

aéroport (m)	aeroport (n)	[aero'port]
avion (m)	avion (n)	[a'vjon]
compagnie (f) aérienne	companie (f) aeriană	[kompa'nie aeri'anə]
contrôleur (m) aérien	dispecer (n)	[dis'petʃer]
départ (m)	decolare (f)	[deko'lare]
arrivée (f)	aterizare (f)	[ateri'zare]
arriver (par avion)	a ateriza	[a ateri'za]
temps (m) de départ	ora (f) decolării	['ora dekolərij]
temps (m) d'arrivée	ora (f) aterizării	['ora aterizərij]
être retardé	a întârzia	[a intir'zija]
retard (m) de l'avion	întârzierea (f) zborului	[intirzjer'a 'zboruluj]
tableau (m) d'informations	panou (n)	[pa'nou]
information (f)	informație (f)	[infor'matsie]
annoncer (vt)	a anunța	[a anun'tsa]
vol (m)	cursă (f)	['kursə]
douane (f)	vamă (f)	['vamə]
douanier (m)	vameş (m)	['vameʃ]
déclaration (f) de douane	declarație (f)	[dekla'ratsie]
remplir (vt)	a completa	[a komple'ta]
remplir la déclaration	a completa declarația	[a komple'ta dekla'ratsija]
contrôle (m) de passeport	controlul (n) paşapoartelor	[kon'trolul paʃapo'artelor]
bagage (m)	bagaj (n)	[ba'gaʒ]
bagage (m) à main	bagaj (n) de mână	[ba'gaʒ de 'minə]
chariot (m)	cărucior (n) pentru bagaj	[kəru'tʃior 'pentru ba'gaʒ]
atterrissage (m)	aterizare (f)	[ateri'zare]
piste (f) d'atterrissage	pistă (f) de aterizare	['pistə de ateri'zare]
atterrir (vi)	a ateriza	[a ateri'za]
escalier (m) d'avion	scară (f)	['skarə]
enregistrement (m)	înregistrare (f)	[inredʒis'trare]
comptoir (m) d'enregistrement	birou (n) de înregistrare	[bi'rou de inredʒis'trare]
s'enregistrer (vp)	a se înregistra	[a se inredʒis'tra]
carte (f) d'embarquement	număr (n) de bord	['numər de bord]
porte (f) d'embarquement	debarcare (f)	[debar'kare]

transit (m)	tranzit (n)	['tranzit]
attendre (vt)	a aştepta	[a aʃtep'ta]
salle (f) d'attente	sală (f) de aşteptare	['salə de aʃtep'tare]
raccompagner	a conduce	[a kon'dutʃe]
(à l'aéroport, etc.)		
dire au revoir	a-şi lua rămas bun	[aʃ lu'a rə'mas bun]

24. L'avion

avion (m)	avion (n)	[a'vjon]
billet (m) d'avion	bilet (n) de avion	[bi'let de a'vjon]
compagnie (f) aérienne	companie (f) aeriană	[kompa'nie aeri'anə]
aéroport (m)	aeroport (n)	[aero'port]
supersonique (adj)	supersonic	[super'sonik]

commandant (m) de bord	comandant (m) de navă	[koman'dant de 'navə]
équipage (m)	echipaj (n)	[eki'paʒ]
pilote (m)	pilot (m)	[pi'lot]
hôtesse (f) de l'air	stewardesă (f)	[stjuar'desə]
navigateur (m)	navigator (m)	[naviga'tor]

ailes (f pl)	aripi (f pl)	[a'ripʲ]
queue (f)	coadă (f)	[ko'adə]
cabine (f)	cabină (f)	[ka'binə]
moteur (m)	motor (n)	[mo'tor]
train (m) d'atterrissage	tren (n) de aterizare	[tren de ateri'zare]
turbine (f)	turbină (f)	[tur'binə]

hélice (f)	elice (f)	[e'litʃe]
boîte (f) noire	cutie (f) neagră	[ku'tie 'nʲagrə]
gouvernail (m)	manşă (f)	['manʃə]
carburant (m)	combustibil (m)	[kombus'tibil]

consigne (f) de sécurité	instrucţiune (f)	[instruktsi'une]
masque (m) à oxygène	mască (f) cu oxigen	['maskə 'ku oksi'dʒen]
uniforme (m)	uniformă (f)	[uni'formə]
gilet (m) de sauvetage	vestă (f) de salvare	['vestə de sal'vare]
parachute (m)	paraşută (f)	[para'ʃutə]

décollage (m)	decolare (f)	[deko'lare]
décoller (vi)	a decola	[a deko'la]
piste (f) de décollage	pistă (f) de decolare	['pistə de deko'lare]

visibilité (f)	vizibilitate (f)	[vizibili'tate]
vol (m) (~ d'oiseau)	zbor (n)	[zbor]
altitude (f)	înălţime (f)	[inəl'tsime]
trou (m) d'air	gol de aer (n)	[gol de 'aer]

| place (f) | loc (n) | [lok] |
| écouteurs (m pl) | căşti (f pl) | [kəʃtʲ] |

tablette (f)	**măsuţă** (f) **rabatabilă**	[mə'sutsə raba'tabilə]
hublot (m)	**hublou** (n)	[hu'blou]
couloir (m)	**trecere** (f)	['tretʃere]

25. Le train

train (m)	**tren** (n)	[tren]
train (m) de banlieue	**tren** (n) **electric**	['tren e'lektrik]
TGV (m)	**tren** (n) **accelerat**	['tren aktʃele'rat]
locomotive (f) diesel	**locomotivă** (f) **cu motor diesel**	[lokomo'tivə ku mo'tor 'dizel]
locomotive (f) à vapeur	**locomotivă** (f)	[lokomo'tivə]
wagon (m)	**vagon** (n)	[va'gon]
wagon-restaurant (m)	**vagon-restaurant** (n)	[va'gon restau'rant]
rails (m pl)	**şine** (f pl)	['ʃine]
chemin (m) de fer	**cale** (f) **ferată**	['kale fe'ratə]
traverse (f)	**traversă** (f)	[tra'versə]
quai (m)	**peron** (n)	[pe'ron]
voie (f)	**linie** (f)	['linie]
sémaphore (m)	**semafor** (n)	[sema'for]
station (f)	**staţie** (f)	['statsie]
conducteur (m) de train	**maşinist** (m)	[maʃi'nist]
porteur (m)	**hamal** (m)	[ha'mal]
steward (m)	**însoţitor** (m)	[insotsi'tor]
passager (m)	**pasager** (m)	[pasa'dʒer]
contrôleur (m) de billets	**controlor** (m)	[kontro'lor]
couloir (m)	**coridor** (n)	[kori'dor]
frein (m) d'urgence	**semnal** (n) **de alarmă**	[sem'nal de a'larmə]
compartiment (m)	**compartiment** (n)	[komparti'ment]
couchette (f)	**cuşetă** (f)	[ku'ʃetə]
couchette (f) d'en haut	**patul** (n) **de sus**	['patul de sus]
couchette (f) d'en bas	**patul** (n) **de jos**	['patul de ʒos]
linge (m) de lit	**lenjerie** (f) **de pat**	[lenʒe'rie de pat]
ticket (m)	**bilet** (n)	[bi'let]
horaire (m)	**orar** (n)	[o'rar]
tableau (m) d'informations	**panou** (n)	[pa'nou]
partir (vi)	**a pleca**	[a ple'ka]
départ (m) (du train)	**plecare** (f)	[ple'kare]
arriver (le train)	**a sosi**	[a so'si]
arrivée (f)	**sosire** (f)	[so'sire]
arriver en train	**a veni cu trenul**	[a ve'ni ku 'trenul]
prendre le train	**a se aşeza în tren**	[a se aʃə'za in tren]

descendre du train	a coborî din tren	[a kobo'rɨ din tren]
accident (m) ferroviaire	accident (n) de tren	[akʧi'dent de tren]
locomotive (f) à vapeur	locomotivă (f)	[lokomo'tivə]
chauffeur (m)	fochist (m)	[fo'kist]
chauffe (f)	focar (n)	[fo'kar]
charbon (m)	cărbune (m)	[kər'bune]

26. Le bateau

bateau (m)	corabie (f)	[ko'rabie]
navire (m)	navă (f)	['navə]
bateau (m) à vapeur	vapor (n)	[va'por]
paquebot (m)	motonavă (f)	[moto'navə]
bateau (m) de croisière	vas (n) de croazieră	[vas de kroa'zjerə]
croiseur (m)	crucişător (n)	[kruʧiʃə'tor]
yacht (m)	iaht (n)	[jaht]
remorqueur (m)	remorcher (n)	[remor'ker]
péniche (f)	şlep (n)	[ʃlep]
ferry (m)	bac (n)	[bak]
voilier (m)	velier (n)	[ve'ljer]
brigantin (m)	brigantină (f)	[brigan'tinə]
brise-glace (m)	spărgător (n) de gheaţă	[spərgə'tor de 'gʲatsə]
sous-marin (m)	submarin (n)	[subma'rin]
canot (m) à rames	barcă (f)	['barkə]
dinghy (m)	şalupă (f)	[ʃa'lupə]
canot (m) de sauvetage	şalupă (f) de salvare	[ʃa'lupə de sal'vare]
canot (m) à moteur	cuter (n)	['kuter]
capitaine (m)	căpitan (m)	[kəpi'tan]
matelot (m)	marinar (m)	[mari'nar]
marin (m)	marinar (m)	[mari'nar]
équipage (m)	echipaj (n)	[eki'paʒ]
maître (m) d'équipage	şef (m) de echipaj	[ʃef de eki'paʒ]
mousse (m)	mus (m)	[mus]
cuisinier (m) du bord	bucătar (m)	[bukə'tar]
médecin (m) de bord	medic (m) pe navă	['medik pe 'navə]
pont (m)	teugă (f)	[te'ugə]
mât (m)	catarg (n)	[ka'targ]
voile (f)	velă (f)	['velə]
cale (f)	cală (f)	['kalə]
proue (f)	proră (f)	['prorə]
poupe (f)	pupă (f)	['pupə]

| rame (f) | vâslă (f) | ['vislə] |
| hélice (f) | elice (f) | [e'litʃe] |

cabine (f)	cabină (f)	[ka'binə]
carré (m) des officiers	salonul (n) ofiţerilor	[sa'lonul ofi'tserilor]
salle (f) des machines	sala (f) maşinilor	['sala ma'ʃinilor]
passerelle (f)	punte (f) de comandă	['punte de ko'mandə]
cabine (f) de T.S.F.	staţie (f) de radio	['statsie de 'radio]
onde (f)	undă (f)	['undə]
journal (m) de bord	jurnal (n) de bord	[ʒur'nal de bord]

longue-vue (f)	lunetă (f)	[lu'netə]
cloche (f)	clopot (n)	['klopot]
pavillon (m)	steag (n)	['stʲag]

| grosse corde (f) tressée | parâmă (f) | [pa'rimə] |
| nœud (m) marin | nod (n) | [nod] |

| rampe (f) | bară (f) | ['barə] |
| passerelle (f) | pasarelă (f) | [pasa'relə] |

ancre (f)	ancoră (f)	['ankorə]
lever l'ancre	a ridica ancora	[a ridi'ka 'ankora]
jeter l'ancre	a ancora	[a anko'ra]
chaîne (f) d'ancrage	lanţ (n) de ancoră	[lants de 'ankorə]

port (m)	port (n)	[port]
embarcadère (m)	acostare (f)	[akos'tare]
accoster (vi)	a acosta	[a akos'ta]
larguer les amarres	a demara	[a dema'ra]

voyage (m) (à l'étranger)	călătorie (f)	[kələto'rie]
croisière (f)	croazieră (f)	[kroa'zjerə]
cap (m) (suivre un ~)	direcţie (f)	[di'rektsie]
itinéraire (m)	rută (f)	['rutə]

chenal (m)	cale (f) navigabilă	['kale navi'gabilə]
bas-fond (m)	banc (n) de nisip	[bank de ni'sip]
échouer sur un bas-fond	a se împotmoli	[a se impotmo'li]

tempête (f)	furtună (f)	[fur'tunə]
signal (m)	semnal (n)	[sem'nal]
sombrer (vi)	a se scufunda	[a se skufun'da]
SOS (m)	SOS	[sos]
bouée (f) de sauvetage	colac (m) de salvare	[ko'lak de sal'vare]

T&P BOOKS

LA VILLE

T&P Books Publishing

autobus (m)	**autobuz** (n)	[auto'buz]
tramway (m)	**tramvai** (n)	[tram'vaj]
trolleybus (m)	**troleibuz** (n)	[trolej'buz]
itinéraire (m)	**rută** (f)	['rutə]
numéro (m)	**număr** (n)	['numər]
prendre …	**a merge cu …**	[a 'merdʒe ku]
monter (dans l'autobus)	**a se urca**	[a se ur'ka]
descendre de …	**a coborî**	[a kobo'rɨ]
arrêt (m)	**stație** (f)	['staʦie]
arrêt (m) prochain	**stația** (f) **următoare**	['staʦija uməto'are]
terminus (m)	**ultima stație** (f)	['ultima 'staʦie]
horaire (m)	**orar** (n)	[o'rar]
attendre (vt)	**a aștepta**	[a aʃtep'ta]
ticket (m)	**bilet** (n)	[bi'let]
prix (m) du ticket	**costul** (n) **biletului**	['kostul bi'letuluj]
caissier (m)	**casier** (m)	[ka'sjer]
contrôle (m) des tickets	**control** (n)	[kon'trol]
contrôleur (m)	**controlor** (m)	[kontro'lor]
être en retard	**a întârzia**	[a ɨntɨr'zija]
rater (~ le train)	**a pierde …**	[a 'pjerdə]
se dépêcher	**a se grăbi**	[a se grə'bi]
taxi (m)	**taxi** (n)	[ta'ksi]
chauffeur (m) de taxi	**taximetrist** (m)	[taksime'trist]
en taxi	**cu taxiul**	[ku ta'ksjul]
arrêt (m) de taxi	**stație** (f) **de taxiuri**	['staʦie de ta'ksjurʲ]
appeler un taxi	**a chema un taxi**	[a ke'ma un ta'ksi]
prendre un taxi	**a lua un taxi**	[a lu'a un ta'ksi]
trafic (m)	**circulație** (f) **pe stradă**	[ʧirku'laʦie pe 'stradə]
embouteillage (m)	**ambuteiaj** (n)	[ambute'jaʒ]
heures (f pl) de pointe	**oră** (f) **de vârf**	[orə de vɨrf]
se garer (vp)	**a se parca**	[a se par'ka]
garer (vt)	**a parca**	[a par'ka]
parking (m)	**parcare** (f)	[par'kare]
métro (m)	**metrou** (n)	[me'trou]
station (f)	**stație** (f)	['staʦie]
prendre le métro	**a merge cu metroul**	[a 'merdʒe ku me'troul]

| train (m) | **tren** (n) | [tren] |
| gare (f) | **gară** (f) | ['garə] |

28. La ville. La vie urbaine

ville (f)	**oraş** (n)	[o'raʃ]
capitale (f)	**capitală** (f)	[kapi'talə]
village (m)	**sat** (n)	[sat]

plan (m) de la ville	**planul** (n) **oraşului**	['planul o'raʃuluj]
centre-ville (m)	**centrul** (n) **oraşului**	['tʃentrul o'raʃuluj]
banlieue (f)	**suburbie** (f)	[subur'bie]
de banlieue (adj)	**din suburbie**	[din subur'bie]

périphérie (f)	**margine** (f)	['mardʒine]
alentours (m pl)	**împrejurimi** (f pl)	[împreʒu'rimʲ]
quartier (m)	**cartier** (n)	[kar'tjer]
quartier (m) résidentiel	**cartier** (n) **locativ**	[ka'rtjer loka'tiv]

trafic (m)	**circulaţie** (f)	[tʃirku'latsie]
feux (m pl) de circulation	**semafor** (n)	[sema'for]
transport (m) urbain	**transport** (n) **urban**	[trans'port ur'ban]
carrefour (m)	**intersecţie** (f)	[inter'sektsie]

passage (m) piéton	**trecere** (f)	['tretʃere]
passage (m) souterrain	**trecere** (f) **subterană**	['tretʃere subte'ranə]
traverser (vt)	**a traversa**	[a traver'sa]
piéton (m)	**pieton** (m)	[pie'ton]
trottoir (m)	**trotuar** (n)	[trotu'ar]

pont (m)	**pod** (n)	[pod]
quai (m)	**faleză** (f)	[fa'lezə]
fontaine (f)	**havuz** (n)	[ha'vuz]

allée (f)	**alee** (f)	[a'lee]
parc (m)	**parc** (n)	[park]
boulevard (m)	**bulevard** (n)	[bule'vard]
place (f)	**piaţă** (f)	['pjatsə]
avenue (f)	**prospect** (n)	[pros'pekt]
rue (f)	**stradă** (f)	['stradə]
ruelle (f)	**stradelă** (f)	[stra'delə]
impasse (f)	**fundătură** (f)	[funde'turə]

maison (f)	**casă** (f)	['kasə]
édifice (m)	**clădire** (f)	[klə'dire]
gratte-ciel (m)	**zgârie-nori** (m)	['zgɨrie norʲ]

façade (f)	**faţadă** (f)	[fa'tsadə]
toit (m)	**acoperiş** (n)	[akope'riʃ]
fenêtre (f)	**fereastră** (f)	[fe'rʲastrə]

arc (m)	**arc** (n)	[ark]
colonne (f)	**coloană** (f)	[kolo'anə]
coin (m)	**colț** (n)	[kolts]
vitrine (f)	**vitrină** (f)	[vi'trinə]
enseigne (f)	**firmă** (f)	['firmə]
affiche (f)	**afiş** (n)	[a'fiʃ]
affiche (f) publicitaire	**afişaj** (n)	[afi'ʃaʒ]
panneau-réclame (m)	**panou** (n) **publicitar**	[pa'nu publiʧi'tar]
ordures (f pl)	**gunoi** (n)	[gu'noj]
poubelle (f)	**coş** (n) **de gunoi**	[koʃ de gu'noj]
jeter à terre	**a face murdărie**	[a 'faʧe murdə'rie]
décharge (f)	**groapă** (f) **de gunoi**	[gro'apə de gu'noj]
cabine (f) téléphonique	**cabină** (f) **telefonică**	[ka'binə tele'fonikə]
réverbère (m)	**stâlp** (m) **de felinar**	[stilp de feli'nar]
banc (m)	**bancă** (f)	['bankə]
policier (m)	**poliţist** (m)	[poli'tsist]
police (f)	**poliţie** (f)	[po'litsie]
clochard (m)	**cerşetor** (m)	[ʧerʃə'tor]
sans-abri (m)	**vagabond** (m)	[vaga'bond]

29. Les institutions urbaines

magasin (m)	**magazin** (n)	[maga'zin]
pharmacie (f)	**farmacie** (f)	[farma'ʧie]
opticien (m)	**optică** (f)	['optikə]
centre (m) commercial	**centru** (n) **comercial**	['ʧentru komerʧi'al]
supermarché (m)	**supermarket** (n)	[super'market]
boulangerie (f)	**brutărie** (f)	[brutə'rie]
boulanger (m)	**brutar** (m)	[bru'tar]
pâtisserie (f)	**cofetărie** (f)	[kofetə'rie]
épicerie (f)	**băcănie** (f)	[bəkə'nie]
boucherie (f)	**hală** (f) **de carne**	['halə de 'karne]
magasin (m) de légumes	**magazin** (m) **de legume**	[maga'zin de le'gume]
marché (m)	**piaţă** (f)	['pjatsə]
salon (m) de café	**cafenea** (f)	[kafe'nʲa]
restaurant (m)	**restaurant** (n)	[restau'rant]
brasserie (f)	**berărie** (f)	[berə'rie]
pizzeria (f)	**pizzerie** (f)	[pitse'rie]
salon (m) de coiffure	**frizerie** (f)	[frize'rie]
poste (f)	**poştă** (f)	['poʃtə]
pressing (m)	**curăţătorie** (f) **chimică**	[kurətsəto'rie 'kimikə]
atelier (m) de photo	**atelier** (n) **foto**	[ate'lʲer 'foto]

magasin (m) de chaussures	magazin (n) de încălțăminte	[maga'zin de ɨnkəltsə'minte]
librairie (f)	librărie (f)	[librə'rie]
magasin (m) d'articles de sport	magazin (n) sportiv	[maga'zin spor'tiv]

atelier (m) de retouche	croitorie (f)	[kroito'rie]
location (f) de vêtements	închiriere (f) de haine	[ɨnki'rjere de 'hajne]
location (f) de films	închiriere (f) de filme	[ɨnki'rjere de 'filme]

cirque (m)	circ (n)	[tʃirk]
zoo (m)	grădină (f) zoologică	[grə'dinə zoo'lodʒikə]
cinéma (m)	cinematograf (n)	[tʃinemato'graf]
musée (m)	muzeu (n)	[mu'zeu]
bibliothèque (f)	bibliotecă (f)	[biblio'tekə]
théâtre (m)	teatru (n)	[te'atru]
opéra (m)	operă (f)	['operə]
boîte (f) de nuit	club (n) de noapte	['klub de no'apte]
casino (m)	cazinou (n)	[kazi'nou]

mosquée (f)	moschee (f)	[mos'kee]
synagogue (f)	sinagogă (f)	[sina'gogə]
cathédrale (f)	catedrală (f)	[kate'dralə]
temple (m)	templu (n)	['templu]
église (f)	biserică (f)	[bi'serikə]

institut (m)	institut (n)	[insti'tut]
université (f)	universitate (f)	[universi'tate]
école (f)	şcoală (f)	[ʃko'alə]

préfecture (f)	prefectură (f)	[prefek'turə]
mairie (f)	primărie (f)	[primə'rie]
hôtel (m)	hotel (n)	[ho'tel]
banque (f)	bancă (f)	['bankə]

ambassade (f)	ambasadă (f)	[amba'sadə]
agence (f) de voyages	agenție (f) de turism	[adʒen'tsie de tu'rism]
bureau (m) d'information	birou (n) de informații	[bi'rou de infor'matsij]
bureau (m) de change	schimb (n) valutar	[skimb valu'tar]

métro (m)	metrou (n)	[me'trou]
hôpital (m)	spital (n)	[spi'tal]

station-service (f)	benzinărie (f)	[benzinə'rie]
parking (m)	parcare (f)	[par'kare]

30. Les enseignes. Les panneaux

enseigne (f)	firmă (f)	['firmə]
pancarte (f)	inscripție (f)	[in'skriptsie]

poster (m)	**afiş** (n)	[a'fiʃ]
indicateur (m) de direction	**semn** (n)	[semn]
flèche (f)	**indicator** (n)	[indika'tor]

avertissement (m)	**avertisment** (n)	[avertis'ment]
panneau d'avertissement	**avertisment** (n)	[avertis'ment]
avertir (vt)	**a avertiza**	[a averti'za]

jour (m) de repos	**zi** (f) **de odihnă**	[zi de o'dihnə]
horaire (m)	**orar** (n)	[o'rar]
heures (f pl) d'ouverture	**ore** (f pl) **de lucru**	['ore de 'lukru]

BIENVENUE!	**BINE AŢI VENIT!**	['bine 'atsʲ ve'nit]
ENTRÉE	**INTRARE**	[in'trare]
SORTIE	**IEŞIRE**	[je'ʃire]

POUSSER	**ÎMPINGE**	[im'pindʒe]
TIRER	**TRAGE**	['tradʒe]
OUVERT	**DESCHIS**	[des'kis]
FERMÉ	**ÎNCHIS**	[in'kis]

FEMMES	**PENTRU FEMEI**	['pentru fe'mej]
HOMMES	**PENTRU BĂRBAŢI**	['pentru bər'batsʲ]
RABAIS	**REDUCERI**	[re'dutʃerʲ]
SOLDES	**LICHIDARE DE STOC**	[liki'dare de stok]
NOUVEAU!	**NOU**	['nou]
GRATUIT	**GRATUIT**	[gratu'it]

ATTENTION!	**ATENŢIE!**	[a'tentsie]
COMPLET	**NU SUNT LOCURI**	[nu 'sunt 'lokurʲ]
RÉSERVÉ	**REZERVAT**	[rezer'vat]

ADMINISTRATION	**ADMINISTRAŢIE**	[adminis'tratsie]
RÉSERVÉ AU	**NUMAI PENTRU**	['numaj 'pentru
PERSONNEL	**ANGAJAŢI**	anga'ʒatsʲ]

ATTENTION CHIEN MÉCHANT	**CÂINE RĂU**	['kine 'rəu]
DÉFENSE DE FUMER	**NU FUMAŢI!**	[nu fu'matsʲ]
PRIÈRE DE NE PAS TOUCHER	**NU ATINGEŢI!**	[nu a'tindʒetsʲ]

DANGEREUX	**PERICULOS**	[periku'los]
DANGER	**PERICOL**	[pe'rikol]
HAUTE TENSION	**TENSIUNE ÎNALTĂ**	[tensi'une i'naltə]
BAIGNADE INTERDITE	**SCĂLDATUL INTERZIS!**	[skəl'datul inter'zis]
HORS SERVICE	**NU FUNCŢIONEAZĂ**	[nu funktsio'nʲazə]

INFLAMMABLE	**INFLAMABIL**	[infla'mabil]
INTERDIT	**INTERZIS**	[inter'zis]
PASSAGE INTERDIT	**TRECEREA INTERZISĂ**	['tretʃerʲa inter'zisə]
PEINTURE FRAÎCHE	**PROASPĂT VOPSIT**	[pro'aspət vop'sit]

31. Le shopping

acheter (vt)	a cumpăra	[a kumpə'ra]
achat (m)	cumpărătură (f)	[kumpərə'turə]
faire des achats	a face cumpărături	[a 'fatʃe kumpərə'turʲ]
shopping (m)	shopping (n)	['ʃoping]
être ouvert	a fi deschis	[a fi des'kis]
être fermé	a se închide	[a se in'kide]
chaussures (f pl)	încălțăminte (f)	[inkəltsə'minte]
vêtement (m)	haine (f pl)	['hajne]
produits (m pl) de beauté	cosmetică (f)	[kos'metikə]
produits (m pl) alimentaires	produse (n pl)	[pro'duse]
cadeau (m)	cadou (n)	[ka'dou]
vendeur (m)	vânzător (m)	[vinzə'tor]
vendeuse (f)	vânzătoare (f)	[vinzəto'are]
caisse (f)	casă (f)	['kasə]
miroir (m)	oglindă (f)	[og'lində]
comptoir (m)	tejghea (f)	[teʒ'gʲa]
cabine (f) d'essayage	cabină (f) de probă	[ka'binə de 'probə]
essayer (robe, etc.)	a proba	[a pro'ba]
aller bien (robe, etc.)	a veni	[a ve'ni]
plaire (être apprécié)	a plăcea	[a plə'tʃa]
prix (m)	preț (n)	[prets]
étiquette (f) de prix	indicator (n) de prețuri	[indika'tor de 'pretsurʲ]
coûter (vt)	a costa	[a kos'ta]
Combien?	Cât?	[kit]
rabais (m)	reducere (f)	[re'dutʃere]
pas cher (adj)	ieftin	['jeftin]
bon marché (adj)	ieftin	['jeftin]
cher (adj)	scump	[skump]
C'est cher	E scump	[e skump]
location (f)	închiriere (f)	[inkiri'ere]
louer (une voiture, etc.)	a lua în chirie	[a lu'a in ki'rie]
crédit (m)	credit (n)	['kredit]
à crédit (adv)	în credit	[in 'kredit]

LES VÊTEMENTS &
LES ACCESSOIRES

T&P Books Publishing

32. Les vêtements d'extérieur

vêtement (m)	îmbrăcăminte (f)	[imbrəkə'minte]
survêtement (m)	haină (f)	['hajnə]
vêtement (m) d'hiver	îmbrăcăminte (f) de iarnă	[imbrəkə'minte de 'jarnə]

manteau (m)	palton (n)	[pal'ton]
manteau (m) de fourrure	şubă (f)	['ʃubə]
veste (f) de fourrure	scurtă (f) îmblănită	['skurtə imblə'nitə]
manteau (m) de duvet	scurtă (f) de puf	['skurtə de 'puf]

veste (f) (~ en cuir)	scurtă (f)	['skurtə]
imperméable (m)	trenci (f)	[trentʃi]
imperméable (adj)	impermeabil (n)	[imperme'abil]

33. Les vêtements

chemise (f)	cămaşă (f)	[kə'maʃə]
pantalon (m)	pantaloni (m pl)	[panta'lonʲ]
jean (m)	blugi (m pl)	[bluʤʲ]
veston (m)	sacou (n)	[sa'kou]
complet (m)	costum (n)	[kos'tum]

robe (f)	rochie (f)	['rokie]
jupe (f)	fustă (f)	['fustə]
chemisette (f)	bluză (f)	['bluzə]
veste (f) en laine	jachetă (f) tricotată	[ʒa'ketə triko'tatə]
jaquette (f), blazer (m)	jachetă (f)	[ʒa'ketə]

tee-shirt (m)	tricou (n)	[tri'kou]
short (m)	şorturi (n pl)	['ʃorturʲ]
costume (m) de sport	costum (n) sportiv	[kos'tum spor'tiv]
peignoir (m) de bain	halat (n)	[ha'lat]
pyjama (m)	pijama (f)	[piʒa'ma]

| chandail (m) | sveter (n) | ['sveter] |
| pull-over (m) | pulover (n) | [pu'lover] |

gilet (m)	vestă (f)	['vestə]
queue-de-pie (f)	frac (n)	[frak]
smoking (m)	smoching (n)	['smoking]

| uniforme (m) | uniformă (f) | [uni'formə] |
| tenue (f) de travail | haină (f) de lucru | ['hajnə de 'lukru] |

| salopette (f) | salopetă (f) | [salo'petə] |
| blouse (f) (d'un médecin) | halat (n) | [ha'lat] |

34. Les sous-vêtements

sous-vêtements (m pl)	lenjerie (f) de corp	[lenʒe'rie de 'korp]
maillot (m) de corps	maiou (n)	[ma'jou]
chaussettes (f pl)	şosete (f pl)	[ʃo'sete]

chemise (f) de nuit	cămaşă (f) de noapte	[kə'maʃə de no'apte]
soutien-gorge (m)	sutien (n)	[su'tjen]
chaussettes (f pl) hautes	ciorapi (m pl)	[tʃio'rapʲ]
collants (m pl)	ciorapi pantalon (m pl)	[tʃio'rapʲ panta'lon]
bas (m pl)	ciorapi (m pl)	[tʃio'rapʲ]
maillot (m) de bain	costum (n) de baie	[kos'tum de 'bae]

35. Les chapeaux

chapeau (m)	căciulă (f)	[kə'tʃiulə]
chapeau (m) feutre	pălărie (f)	[pələ'rie]
casquette (f) de base-ball	şapcă (f)	['ʃapkə]
casquette (f)	chipiu (n)	[ki'pju]

béret (m)	beretă (f)	[be'retə]
capuche (f)	glugă (f)	['glugə]
panama (m)	panama (f)	[pana'ma]
bonnet (m) de laine	căciulă (f) împletită	[kə'tʃiulə imple'titə]

| foulard (m) | basma (f) | [bas'ma] |
| chapeau (m) de femme | pălărie (f) de damă | [pələ'rie de 'damə] |

casque (m) (d'ouvriers)	cască (f)	['kaskə]
calot (m)	bonetă (f)	[bo'netə]
casque (m) (~ de moto)	coif (n)	[kojf]

| melon (m) | pălărie (f) | [pələ'rie] |
| haut-de-forme (m) | joben (n) | [ʒo'ben] |

36. Les chaussures

chaussures (f pl)	încălţăminte (f)	[inkəltsə'minte]
bottines (f pl)	ghete (f pl)	['gete]
souliers (m pl) (~ plats)	pantofi (m pl)	[pan'tofʲ]
bottes (f pl)	cizme (f pl)	['tʃizme]
chaussons (m pl)	şlapi (m pl)	[ʃlapʲ]
tennis (m pl)	adidaşi (m pl)	[a'didaʃ]

| baskets (f pl) | tenişi (m pl) | ['teniʃ] |
| sandales (f pl) | sandale (f pl) | [san'dale] |

cordonnier (m)	cizmar (m)	[ʧiz'mar]
talon (m)	toc (n)	[tok]
paire (f)	pereche (f)	[pe'reke]

lacet (m)	şiret (n)	[ʃi'ret]
lacer (vt)	a şnurui	[a ʃnuru'i]
chausse-pied (m)	lingură (f) pentru pantofi	['lingurə 'pentru pan'tofi]
cirage (m)	cremă (f) de ghete	['kremə de 'gete]

37. Les accessoires personnels

gants (m pl)	mănuşi (f pl)	[mə'nuʃ]
moufles (f pl)	mănuşi (f pl) cu un singur deget	[mə'nuʃ ku un 'singur 'dedʒet]
écharpe (f)	fular (m)	[fu'lar]

lunettes (f pl)	ochelari (m pl)	[oke'lari]
monture (f)	ramă (f)	['ramə]
parapluie (m)	umbrelă (f)	[um'brelə]
canne (f)	baston (n)	[bas'ton]
brosse (f) à cheveux	perie (f) de păr	[pe'rie de pər]
éventail (m)	evantai (n)	[evan'taj]

cravate (f)	cravată (f)	[kra'vatə]
nœud papillon (m)	papion (n)	[papi'on]
bretelles (f pl)	bretele (f pl)	[bre'tele]
mouchoir (m)	batistă (f)	[ba'tistə]

peigne (m)	pieptene (m)	['pjeptene]
barrette (f)	agrafă (f)	[a'grafə]
épingle (f) à cheveux	ac (n) de păr	[ak de pər]
boucle (f)	cataramă (f)	[kata'ramə]

ceinture (f)	cordon (n)	[kor'don]
bandoulière (f)	curea (f)	[ku'ria]
sac (m)	geantă (f)	['dʒantə]
sac (m) à main	poşetă (f)	[po'ʃetə]
sac (m) à dos	rucsac (n)	[ruk'sak]

38. Les vêtements. Divers

mode (f)	modă (f)	['modə]
à la mode (adj)	la modă	[la 'modə]
couturier, créateur de mode	modelier (n)	[mode'ljer]

col (m)	guler (n)	['guler]
poche (f)	buzunar (n)	[buzu'nar]
de poche (adj)	de buzunar	[de buzu'nar]
manche (f)	mânecă (f)	['mɪnekə]
bride (f)	gaică (f)	['gajkə]
braguette (f)	şliţ (n)	[ʃliʦ]

fermeture (f) à glissière	fermoar (n)	[fermo'ar]
agrafe (f)	capsă (f)	['kapsə]
bouton (m)	nasture (m)	['nasture]
boutonnière (f)	butonieră (f)	[buto'njerə]
s'arracher (bouton)	a se rupe	[a se 'rupe]

coudre (vi, vt)	a coase	[a ko'ase]
broder (vt)	a broda	[a bro'da]
broderie (f)	broderie (f)	[brode'rie]
aiguille (f)	ac (n)	[ak]
fil (m)	aţă (f)	['aʦə]
couture (f)	cusătură (f)	[kusə'turə]

se salir (vp)	a se murdări	[a se murdə'ri]
tache (f)	pată (f)	['patə]
se froisser (vp)	a se şifona	[a se ʃifo'na]
déchirer (vt)	a rupe	[a 'rupe]
mite (f)	molie (f)	['molie]

39. L'hygiène corporelle. Les cosmétiques

dentifrice (m)	pastă (f) de dinţi	['paste de dinʦʲ]
brosse (f) à dents	periuţă (f) de dinţi	[peri'uʦe de dinʦʲ]
se brosser les dents	a se spăla pe dinţi	[a se spə'la pe dinʦʲ]

rasoir (m)	brici (n)	['britʃi]
crème (f) à raser	cremă (f) de bărbierit	['kreme de bərbie'rit]
se raser (vp)	a se bărbieri	[a se bərbie'ri]

| savon (m) | săpun (n) | [sə'pun] |
| shampooing (m) | şampon (n) | [ʃam'pon] |

ciseaux (m pl)	foarfece (n)	[fo'arfeʧe]
lime (f) à ongles	pilă (f) de unghii	['pile de 'ungij]
pinces (f pl) à ongles	cleştişor (n)	[kleʃti'ʃor]
pince (f) à épiler	pensetă (f)	[pen'setə]

produits (m pl) de beauté	cosmetică (f)	[kos'metikə]
masque (m) de beauté	mască (f)	['maskə]
manucure (f)	manichiură (f)	[mani'kjurə]
se faire les ongles	a face manichiura	[a 'faʧe mani'kjura]
pédicurie (f)	pedichiură (f)	[pedi'kjurə]
trousse (f) de toilette	trusă (f) de cosmetică	['truse de kos'metikə]

poudre (f)	**pudră** (f)	['pudrə]
poudrier (m)	**pudrieră** (f)	[pudri'erə]
fard (m) à joues	**fard de obraz** (n)	[fard de o'braz]
parfum (m)	**parfum** (n)	[par'fum]
eau (f) de toilette	**apă de toaletă** (f)	['apə de toa'letə]
lotion (f)	**loțiune** (f)	[loʦi'une]
eau de Cologne (f)	**colonie** (f)	[ko'lonie]
fard (m) à paupières	**fard** (n) **de pleoape**	[fard 'pentru pleo'ape]
crayon (m) à paupières	**creion** (n) **de ochi**	[kre'jon 'pentru okʲ]
mascara (m)	**rimel** (n)	[ri'mel]
rouge (m) à lèvres	**ruj** (n)	[ruʒ]
vernis (m) à ongles	**ojă** (f)	['oʒə]
laque (f) pour les cheveux	**gel** (n) **de păr**	[dʒel de pər]
déodorant (m)	**deodorant** (n)	[deodo'rant]
crème (f)	**cremă** (f)	['kremə]
crème (f) pour le visage	**cremă** (f) **de față**	['kremə de 'faʦə]
crème (f) pour les mains	**cremă** (f) **pentru mâini**	['kremə 'pentru mʲnʲ]
crème (f) anti-rides	**cremă** (f) **anti-rid**	['kremə 'anti rid]
de jour (adj)	**de zi**	[de zi]
de nuit (adj)	**de noapte**	[de no'apte]
tampon (m)	**tampon** (n)	[tam'pon]
papier (m) de toilette	**hârtie** (f) **igienică**	[hɨr'tie idʒi'enikə]
sèche-cheveux (m)	**uscător** (n) **de păr**	[uskə'tor de pər]

40. Les montres. Les horloges

montre (f)	**ceas** (n) **de mână**	[ʧas de 'mɨnə]
cadran (m)	**cadran** (n)	[ka'dran]
aiguille (f)	**acul** (n) **ceasornicului**	['akul ʧasor'nikuluj]
bracelet (m)	**brățară** (f)	[brə'ʦarə]
bracelet (m) (en cuir)	**curea** (f)	[ku'rʲa]
pile (f)	**baterie** (f)	[bate'rie]
être déchargé	**a se termina**	[a se termi'na]
changer de pile	**a schimba bateria**	[a skim'ba bate'rija]
avancer (vi)	**a merge înainte**	[a 'merdʒe ɨna'inte]
retarder (vi)	**a rămâne în urmă**	[a rə'mɨne ɨn 'urmə]
pendule (f)	**pendulă** (f)	[pen'dulə]
sablier (m)	**clepsidră** (f)	[klep'sidrə]
cadran (m) solaire	**cadran** (n) **solar**	[ka'dran so'lar]
réveil (m)	**ceas** (n) **deşteptător**	[ʧas deʃteptə'tor]
horloger (m)	**ceasornicar** (m)	[ʧasorni'kar]
réparer (vt)	**a repara**	[a repa'ra]

L'EXPÉRIENCE QUOTIDIENNE

T&P Books Publishing

argent (m)	**bani** (m pl)	[banʲ]
échange (m)	**schimb** (n)	[skimb]
cours (m) de change	**curs** (n)	[kurs]
distributeur (m)	**bancomat** (n)	[banko'mat]
monnaie (f)	**monedă** (f)	[mo'nedə]
dollar (m)	**dolar** (m)	[do'lar]
euro (m)	**euro** (m)	['euro]
lire (f)	**liră** (f)	['lirə]
mark (m) allemand	**marcă** (f)	['markə]
franc (m)	**franc** (m)	[frank]
livre sterling (f)	**liră** (f) **sterlină**	['lirə ster'linə]
yen (m)	**yen** (f)	['jen]
dette (f)	**datorie** (f)	[dato'rie]
débiteur (m)	**datornic** (m)	[da'tornik]
prêter (vt)	**a da cu împrumut**	[a da ku impru'mut]
emprunter (vt)	**a lua cu împrumut**	[a lu'a ku impru'mut]
banque (f)	**bancă** (f)	['bankə]
compte (m)	**cont** (n)	[kont]
verser dans le compte	**a pune în cont**	[a 'pune in 'kont]
retirer du compte	**a scoate din cont**	[a sko'ate din kont]
carte (f) de crédit	**carte** (f) **de credit**	['karte de 'kredit]
espèces (f pl)	**numerar** (n)	[nume'rar]
chèque (m)	**cec** (n)	[tʃek]
faire un chèque	**a scrie un cec**	[a 'skrie un tʃek]
chéquier (m)	**carte** (f) **de cecuri**	['karte de 'tʃekurʲ]
portefeuille (m)	**portvizit** (n)	[portvi'zit]
bourse (f)	**portofel** (n)	[porto'fel]
coffre fort (m)	**seif** (n)	['sejf]
héritier (m)	**moştenitor** (m)	[moʃteni'tor]
héritage (m)	**moştenire** (f)	[moʃte'nire]
fortune (f)	**avere** (f)	[a'vere]
location (f)	**arendă** (f)	[a'rendə]
loyer (m) (argent)	**chirie** (f)	[ki'rie]
louer (prendre en location)	**a închiria**	[a inkiri'ja]
prix (m)	**preţ** (n)	[prets]
coût (m)	**valoare** (f)	[valo'are]

somme (f)	sumă (f)	['sumə]
dépenser (vt)	a cheltui	[a keltu'i]
dépenses (f pl)	cheltuieli (f pl)	[keltu'el']
économiser (vt)	a economisi	[a ekonomi'si]
économe (adj)	econom	[eko'nom]
payer (régler)	a plăti	[a ple'ti]
paiement (m)	plată (f)	['platə]
monnaie (f) (rendre la ~)	rest (n)	[rest]
impôt (m)	impozit (n)	[im'pozit]
amende (f)	amendă (f)	[a'mendə]
mettre une amende	a amenda	[a amen'da]

42. La poste. Les services postaux

poste (f)	poştă (f)	['poʃtə]
courrier (m) (lettres, etc.)	corespondenţă (f)	[korespon'dentsə]
facteur (m)	poştaş (m)	[poʃ'taʃ]
heures (f pl) d'ouverture	ore (f pl) de lucru	['ore de 'lukru]
lettre (f)	scrisoare (f)	[skriso'are]
recommandé (m)	scrisoare (f) recomandată	[skriso'are rekoman'datə]
carte (f) postale	carte (f) poştală	['karte poʃ'talə]
télégramme (m)	telegramă (f)	[tele'gramə]
colis (m)	colet (n)	[ko'let]
mandat (m) postal	mandat (n) poştal	[man'dat poʃ'tal]
recevoir (vt)	a primi	[a pri'mi]
envoyer (vt)	a expedia	[a ekspedi'ja]
envoi (m)	expediere (f)	[ekspe'djere]
adresse (f)	adresă (f)	[a'dresə]
code (m) postal	cod (n) poştal	[kod poʃ'tal]
expéditeur (m)	expeditor (m)	[ekspedi'tor]
destinataire (m)	destinatar (m)	[destina'tar]
prénom (m)	prenume (n)	[pre'nume]
nom (m) de famille	nume (n)	['nume]
tarif (m)	tarif (n)	[ta'rif]
normal (adj)	normal	[nor'mal]
économique (adj)	econom	[eko'nom]
poids (m)	greutate (f)	[greu'tate]
peser (~ les lettres)	a cântări	[a kɨntə'ri]
enveloppe (f)	plic (n)	[plik]
timbre (m)	timbru (n)	['timbru]
timbrer (vt)	a lipi timbrul	[a li'pi 'timbrul]

43. Les opérations bancaires

banque (f)	**bancă** (f)	['bankə]
agence (f) bancaire	**sucursală** (f)	[sukur'salə]
conseiller (m)	**consultant** (m)	[konsul'tant]
gérant (m)	**director** (m)	[di'rektor]
compte (m)	**cont** (n)	[kont]
numéro (m) du compte	**numărul** (n) **contului**	['numərul 'kontuluj]
compte (m) courant	**cont** (n) **curent**	[kont ku'rent]
compte (m) sur livret	**cont** (n) **de acumulare**	[kont de akumu'lare]
ouvrir un compte	**a deschide un cont**	[a des'kide un kont]
clôturer le compte	**a închide contul**	[a i'nkide 'kontul]
verser dans le compte	**a pune în cont**	[a 'pune in 'kont]
retirer du compte	**a extrage din cont**	[a eks'tradʒe din kont]
dépôt (m)	**depozit** (n)	[de'pozit]
faire un dépôt	**a depune**	[a de'pune]
virement (m) bancaire	**transfer** (n)	[trans'fer]
faire un transfert	**a transfera**	[a transfe'ra]
somme (f)	**sumă** (f)	['sumə]
Combien?	**Cât?**	[kit]
signature (f)	**semnătură** (f)	[semnə'turə]
signer (vt)	**a semna**	[a sem'na]
carte (f) de crédit	**carte** (f) **de credit**	['karte de 'kredit]
code (m)	**cod** (n)	[kod]
numéro (m) de carte	**numărul** (n)	['numərul
de crédit	**cărţii de credit**	kərtsij de 'kredit]
distributeur (m)	**bancomat** (n)	[banko'mat]
chèque (m)	**cec** (n)	[tʃek]
faire un chèque	**a scrie un cec**	[a 'skrie un tʃek]
chéquier (m)	**carte** (f) **de cecuri**	['karte de 'tʃekurʲ]
crédit (m)	**credit** (n)	['kredit]
demander un crédit	**a solicita un credit**	[a solitʃi'ta pe 'kredit]
prendre un crédit	**a lua pe credit**	[a lu'a pe 'kredit]
accorder un crédit	**a acorda credit**	[a akor'da 'kredit]
gage (m)	**garanţie** (f)	[garan'tsie]

44. Le téléphone. La conversation téléphonique

téléphone (m)	**telefon** (n)	[tele'fon]
portable (m)	**telefon** (n) **mobil**	[tele'fon mo'bil]

répondeur (m)	**răspuns** (n) **automat**	[rəs'puns auto'mat]
téléphoner, appeler	**a suna, a telefona**	[a su'na], [a tele'fona]
appel (m)	**apel** (n), **convorbire** (f)	[a'pel], [konvor'bire]
composer le numéro	**a forma un număr**	[a for'ma un 'numər]
Allô!	**Alo!**	[a'lo]
demander (~ l'heure)	**a întreba**	[a intre'ba]
répondre (vi, vt)	**a răspunde**	[a rəs'punde]
entendre (bruit, etc.)	**a auzi**	[a au'zi]
bien (adv)	**bine**	['bine]
mal (adv)	**rău**	['rəu]
bruits (m pl)	**bruiaj** (n)	[bru'jaʒ]
récepteur (m)	**receptor** (n)	[retʃep'tor]
décrocher (vt)	**a lua receptorul**	[a lu'a retʃep'torul]
raccrocher (vi)	**a pune receptorul**	[a 'pune retʃep'torul]
occupé (adj)	**ocupat**	[oku'pat]
sonner (vi)	**a suna**	[a su'na]
carnet (m) de téléphone	**carte** (f) **de telefon**	['karte de tele'fon]
local (adj)	**local**	[lo'kal]
appel (m) local	**apel** (n) **local**	[a'pel lo'kal]
interurbain (adj)	**interurban**	[interur'ban]
appel (m) interurbain	**apel** (n) **interurban**	[a'pel interur'ban]
international (adj)	**internațional**	[internatsio'nal]
appel (m) international	**apel** (n) **interna ional**	[a'pel internatsio'nal]

45. Le téléphone portable

portable (m)	**telefon** (n) **mobil**	[tele'fon mo'bil]
écran (m)	**ecran** (n)	[e'kran]
bouton (m)	**buton** (n)	[bu'ton]
carte SIM (f)	**cartelă** (f) **SIM**	[kar'telə 'sim]
pile (f)	**baterie** (f)	[bate'rie]
être déchargé	**a se descărca**	[a se deskər'ka]
chargeur (m)	**încărcător** (m)	[inkərkə'tor]
menu (m)	**meniu** (n)	[me'nju]
réglages (m pl)	**setări** (f)	[se'tərⁱ]
mélodie (f)	**melodie** (f)	[melo'die]
sélectionner (vt)	**a selecta**	[a selek'ta]
calculatrice (f)	**calculator** (n)	[kalkula'tor]
répondeur (m)	**răspuns** (n) **automat**	[rəs'puns auto'mat]
réveil (m)	**ceas** (n) **deşteptător**	[tʃas deʃteptə'tor]
contacts (m pl)	**carte** (f) **de telefoane**	['karte de telefo'ane]
SMS (m)	**SMS** (n)	[əse'məs]
abonné (m)	**abonat** (m)	[abo'nat]

133

46. La papeterie

stylo (m) à bille	stilou (n)	[sti'lou]
stylo (m) à plume	condei (n)	[kon'dej]
crayon (m)	creion (n)	[kre'jon]
marqueur (m)	marcher (n)	['marker]
feutre (m)	carioca (f)	[kari'okə]
bloc-notes (m)	carnețel (n)	[karnə'tsəl]
agenda (m)	agendă (f)	[a'dʒendə]
règle (f)	riglă (f)	['riglə]
calculatrice (f)	calculator (f)	[kalkula'tor]
gomme (f)	radieră (f)	[radi'erə]
punaise (f)	piuneză (f)	[pju'nezə]
trombone (m)	clamă (f)	['klamə]
colle (f)	lipici (n)	[li'pitʃi]
agrafeuse (f)	capsator (n)	[kapsa'tor]
perforateur (m)	perforator (n)	[perfo'rator]
taille-crayon (m)	ascuțitoare (f)	[askutsito'are]

47. Les langues étrangères

langue (f)	limbă (f)	['limbə]
étranger (adj)	străin	[strə'in]
étudier (vt)	a studia	[a studi'a]
apprendre (~ l'arabe)	a învăța	[a ɨnvə'tsa]
lire (vi, vt)	a citi	[a tʃi'ti]
parler (vi, vt)	a vorbi	[a vor'bi]
comprendre (vt)	a înțelege	[a ɨntse'ledʒe]
écrire (vt)	a scrie	[a 'skrie]
vite (adv)	repede	['repede]
lentement (adv)	încet	[ɨn'tʃet]
couramment (adv)	liber	['liber]
règles (f pl)	reguli (f pl)	['regulʲ]
grammaire (f)	gramatică (f)	[gra'matikə]
vocabulaire (m)	lexic (n)	['leksik]
phonétique (f)	fonetică (f)	[fo'netikə]
manuel (m)	manual (n)	[manu'al]
dictionnaire (m)	dicționar (n)	[diktsio'nar]
manuel (m) autodidacte	manual (n) autodidactic	[manu'al autodi'daktik]
guide (m) de conversation	ghid (n) de conversație	[gid de konver'satsie]
cassette (f)	casetă (f)	[ka'setə]

cassette (f) vidéo	**casetă (f) video**	[ka'sete 'video]
CD (m)	**CD (n)**	[si'di]
DVD (m)	**DVD (n)**	[divi'di]
alphabet (m)	**alfabet (n)**	[alfa'bet]
épeler (vt)	**a spune pe litere**	[a vor'bi pe 'litere]
prononciation (f)	**pronunţie (f)**	[pro'nuntsie]
accent (m)	**accent (n)**	[ak'tʃent]
avec un accent	**cu accent**	['ku ak'tʃent]
sans accent	**fără accent**	['fərə ak'tʃent]
mot (m)	**cuvânt (n)**	[ku'vɨnt]
sens (m)	**sens (n)**	[sens]
cours (m pl)	**cursuri (n)**	['kursurʲ]
s'inscrire (vp)	**a se înscrie**	[a se ɨn'skrie]
professeur (m) (~ d'anglais)	**profesor (m)**	[pro'fesor]
traduction (f) (action)	**traducere (f)**	[tra'dutʃere]
traduction (f) (texte)	**traducere (f)**	[tra'dutʃere]
traducteur (m)	**traducător (m)**	[traduke'tor]
interprète (m)	**translator (m)**	[trans'lator]
polyglotte (m)	**poliglot (m)**	[poli'glot]
mémoire (f)	**memorie (f)**	[me'morie]

LES REPAS.
LE RESTAURANT

T&P Books Publishing

cuillère (f)	**lingură** (f)	['lingurə]
couteau (m)	**cuțit** (n)	[ku'tsit]
fourchette (f)	**furculiță** (f)	[furku'litsə]
tasse (f)	**ceașcă** (f)	['tʃaʃkə]
assiette (f)	**farfurie** (f)	[farfu'rie]
soucoupe (f)	**farfurioară** (f)	[farfurio'arə]
serviette (f)	**șervețel** (n)	[ʃərve'tsel]
cure-dent (m)	**scobitoare** (f)	[skobito'are]

restaurant (m)	**restaurant** (n)	[restau'rant]
salon (m) de café	**cafenea** (f)	[kafe'nʲa]
bar (m)	**bar** (n)	[bar]
salon (m) de thé	**salon** (n) **de ceai**	[sa'lon de tʃaj]
serveur (m)	**chelner** (m)	['kelner]
serveuse (f)	**chelneriță** (f)	[kelne'ritsə]
barman (m)	**barman** (m)	['barman]
carte (f)	**meniu** (n)	[me'nju]
carte (f) des vins	**meniu** (n) **de vinuri**	[menju de 'vinurʲ]
réserver une table	**a rezerva o masă**	[a rezer'va o 'masə]
plat (m)	**mâncare** (f)	[mɨn'kare]
commander (vt)	**a comanda**	[a koman'da]
faire la commande	**a face comandă**	[a 'fatʃe ko'mandə]
apéritif (m)	**aperitiv** (n)	[aperi'tiv]
hors-d'œuvre (m)	**gustare** (f)	[gus'tare]
dessert (m)	**desert** (n)	[de'sert]
addition (f)	**notă** (f) **de plată**	['notə de 'platə]
régler l'addition	**a achita nota de plată**	[a aki'ta 'nota de 'platə]
rendre la monnaie	**a da rest**	[a da 'rest]
pourboire (m)	**bacșiș** (n)	[bak'ʃiʃ]

nourriture (f)	**mâncare** (f)	[mɨn'kare]
manger (vi, vt)	**a mânca**	[a mɨn'ka]

petit déjeuner (m)	micul dejun (n)	['mikul de'ʒun]
prendre le petit déjeuner	a lua micul dejun	[a lu'a 'mikul de'ʒun]
déjeuner (m)	prânz (n)	[prinz]
déjeuner (vi)	a lua prânzul	[a lu'a 'prinzul]
dîner (m)	cină (f)	['ʧinə]
dîner (vi)	a cina	[a ʧi'na]

| appétit (m) | poftă (f) de mâncare | ['poftə de mi'nkare] |
| Bon appétit! | Poftă bună! | ['poftə 'bunə] |

ouvrir (vt)	a deschide	[a des'kide]
renverser (liquide)	a vărsa	[a vər'sa]
se renverser (liquide)	a se vărsa	[a se vər'sa]

bouillir (vi)	a fierbe	[a 'fjerbe]
faire bouillir	a fierbe	[a 'fjerbe]
bouilli (l'eau ~e)	fiert	[fiert]
refroidir (vt)	a răci	[a rə'ʧi]
se refroidir (vp)	a se răci	[a se rə'ʧi]

| goût (m) | gust (n) | [gust] |
| arrière-goût (m) | aromă (f) | [a'romə] |

suivre un régime	a slăbi	[a slə'bi]
régime (m)	dietă (f)	[di'etə]
vitamine (f)	vitamină (f)	[vita'minə]
calorie (f)	calorie (f)	[kalo'rie]
végétarien (m)	vegetarian (m)	[vedʒetari'an]
végétarien (adj)	vegetarian	[vedʒetari'an]

lipides (m pl)	grăsimi (f pl)	[grə'simʲ]
protéines (f pl)	proteine (f pl)	[prote'ine]
glucides (m pl)	hidrați (m pl) de carbon	[hi'dratsʲ de kar'bon]
tranche (f)	felie (f)	[fe'lie]
morceau (m)	bucată (f)	[bu'katə]
miette (f)	firimitură (f)	[firimi'turə]

51. Les plats cuisinés

plat (m)	fel (n) de mâncare	[fel de mi'nkare]
cuisine (f)	bucătărie (f)	[bukətə'rie]
recette (f)	rețetă (f)	[re'tsetə]
portion (f)	porție (f)	['portsie]

| salade (f) | salată (f) | [sa'latə] |
| soupe (f) | supă (f) | ['supə] |

bouillon (m)	supă (f) de carne	['supə de 'karne]
sandwich (m)	tartină (f)	[tar'tinə]
les œufs brouillés	omletă (f)	[om'letə]

hamburger (m)	**hamburger** (m)	['hamburger]
steak (m)	**biftec** (n)	[bif'tek]
garniture (f)	**garnitură** (f)	[garni'turə]
spaghettis (m pl)	**spaghete** (f pl)	[spa'gete]
purée (f)	**piure** (n) **de cartofi**	[pju're de kar'tofⁱ]
pizza (f)	**pizza** (f)	['pitsa]
bouillie (f)	**caşă** (f)	['kaʃə]
omelette (f)	**omletă** (f)	[om'letə]
cuit à l'eau (adj)	**fiert**	[fiert]
fumé (adj)	**afumat**	[afu'mat]
frit (adj)	**prăjit**	[prə'ʒit]
sec (adj)	**uscat**	[us'kat]
congelé (adj)	**congelat**	[kondʒe'lat]
mariné (adj)	**marinat**	[mari'nat]
sucré (adj)	**dulce**	['dultʃe]
salé (adj)	**sărat**	[sə'rat]
froid (adj)	**rece**	['retʃe]
chaud (adj)	**fierbinte**	[fier'binte]
amer (adj)	**amar**	[a'mar]
bon (savoureux)	**gustos**	[gus'tos]
cuire à l'eau	**a fierbe**	[a 'fjerbe]
préparer (le dîner)	**a găti**	[a gə'ti]
faire frire	**a prăji**	[a prə'ʒi]
réchauffer (vt)	**a încălzi**	[a inkəl'zi]
saler (vt)	**a săra**	[a sə'ra]
poivrer (vt)	**a pipera**	[a pipe'ra]
râper (vt)	**a da prin răzătoare**	[a da prin rəzəto'are]
peau (f)	**coajă** (f)	[ko'aʒə]
éplucher (vt)	**a curăţa**	[a kurə'tsa]

52. Les aliments

viande (f)	**carne** (f)	['karne]
poulet (m)	**carne** (f) **de găină**	['karne de gə'inə]
poulet (m) (poussin)	**carne** (f) **de pui**	['karne de puj]
canard (m)	**carne** (f) **de raţă**	['karne de 'ratsə]
oie (f)	**carne** (f) **de gâscă**	['karne de 'ɡiskə]
gibier (m)	**vânat** (n)	[vi'nat]
dinde (f)	**carne** (f) **de curcan**	['karne de 'kurkan]
du porc	**carne** (f) **de porc**	['karne de pork]
du veau	**carne** (f) **de viţel**	['karne de vi'tsel]
du mouton	**carne** (f) **de berbec**	['karne de ber'bek]
du bœuf	**carne** (f) **de vită**	['karne de 'vitə]
lapin (m)	**carne** (f) **de iepure de casă**	['karne de 'epure de 'kasə]

saucisson (m)	**salam** (n)	[sa'lam]
saucisse (f)	**crenvurşt** (n)	[kren'vurʃt]
bacon (m)	**costiţă** (f) **afumată**	[kos'titsə afu'matə]
jambon (m)	**şuncă** (f)	['ʃunkə]
cuisse (f)	**pulpă** (f)	['pulpə]
pâté (m)	**pateu** (n)	[pa'teu]
foie (m)	**ficat** (m)	[fi'kat]
farce (f)	**carne** (f) **tocată**	['karne to'katə]
langue (f)	**limbă** (f)	['limbə]
œuf (m)	**ou** (n)	['ow]
les œufs	**ouă** (n pl)	['owə]
blanc (m) d'œuf	**albuş** (n)	[al'buʃ]
jaune (m) d'œuf	**gălbenuş**	[gəlbe'nuʃ]
poisson (m)	**peşte** (m)	['peʃte]
fruits (m pl) de mer	**produse** (n pl) **marine**	[pro'duse ma'rine]
caviar (m)	**icre** (f pl) **de peşte**	['ikre de 'peʃte]
crabe (m)	**crab** (m)	[krab]
crevette (f)	**crevetă** (f)	[kre'vetə]
huître (f)	**stridie** (f)	['stridie]
langoustine (f)	**langustă** (f)	[lan'gustə]
poulpe (m)	**caracatiţă** (f)	[kara'katitsə]
calamar (m)	**calmar** (m)	[kal'mar]
esturgeon (m)	**carne** (f) **de nisetru**	['karne de ni'setru]
saumon (m)	**somon** (m)	[so'mon]
flétan (m)	**calcan** (m)	[kal'kan]
morue (f)	**batog** (m)	[ba'tog]
maquereau (m)	**macrou** (n)	[ma'krou]
thon (m)	**ton** (m)	[ton]
anguille (f)	**ţipar** (m)	[tsi'par]
truite (f)	**păstrăv** (m)	[pəs'trəv]
sardine (f)	**sardea** (f)	[sar'd'a]
brochet (m)	**ştiucă** (f)	['ʃtjukə]
hareng (m)	**scrumbie** (f)	[skrum'bie]
pain (m)	**pâine** (f)	['pɨne]
fromage (m)	**caşcaval** (n)	['brɨnzə]
sucre (m)	**zahăr** (n)	['zahər]
sel (m)	**sare** (f)	['sare]
riz (m)	**orez** (n)	[o'rez]
pâtes (m pl)	**paste** (f pl)	['paste]
nouilles (f pl)	**tăiţei** (m)	[təi'tsej]
beurre (m)	**unt** (n)	['unt]
huile (f) végétale	**ulei** (n) **vegetal**	[u'lej vedʒe'tal]

huile (f) de tournesol	ulei (n)	[u'lej
	de floarea-soarelui	de flo'arʲa so'areluj]
margarine (f)	margarină (f)	[marga'rinə]
olives (f pl)	olive (f pl)	[o'live]
huile (f) d'olive	ulei (n) de măsline	[u'lej de məs'line]
lait (m)	lapte (n)	['lapte]
lait (m) condensé	lapte (n) condensat	['lapte konden'sat]
yogourt (m)	iaurt (n)	[ja'urt]
crème (f) aigre	smântână (f)	[smin'tinə]
crème (f) (de lait)	frişcă (f)	['friʃkə]
sauce (f) mayonnaise	maioneză (f)	[majo'nezə]
crème (f) au beurre	cremă (f)	['kremə]
gruau (m)	crupe (f pl)	['krupe]
farine (f)	făină (f)	[fə'inə]
conserves (f pl)	conserve (f pl)	[kon'serve]
pétales (m pl) de maïs	fulgi (m pl) de porumb	['fuldʒʲ de po'rumb]
miel (m)	miere (f)	['mjere]
confiture (f)	gem (n)	[dʒem]
gomme (f) à mâcher	gumă (f) de mestecat	['gumə de meste'kat]

53. Les boissons

eau (f)	apă (f)	['apə]
eau (f) potable	apă (f) potabilă	['apə po'tabilə]
eau (f) minérale	apă (f) minerală	['apə mine'ralə]
plate (adj)	necarbogazoasă	[nekarbogazo'asə]
gazeuse (l'eau ~)	carbogazoasă	[karbogazo'asə]
pétillante (adj)	gazoasă	[gazo'asə]
glace (f)	gheaţă (f)	['gʲatsə]
avec de la glace	cu gheaţă	[ku 'gʲatsə]
sans alcool	fără alcool	['fərə alko'ol]
boisson (f) non alcoolisée	băutură (f) fără alcool	[bəu'turə fərə alko'ol]
rafraîchissement (m)	băutură (f) răcoritoare	[bəu'turə rəkorito'are]
limonade (f)	limonadă (f)	[limo'nadə]
boissons (f pl) alcoolisées	băuturi (f pl) alcoolice	[bəu'turʲ alko'olitʃe]
vin (m)	vin (n)	[vin]
vin (m) blanc	vin (n) alb	[vin alb]
vin (m) rouge	vin (n) roşu	[vin 'roʃu]
liqueur (f)	lichior (n)	[li'kør]
champagne (m)	şampanie (f)	[ʃam'panie]
vermouth (m)	vermut (n)	[ver'mut]

whisky (m)	whisky (n)	['wiski]
vodka (f)	votcă (f)	['votkə]
gin (m)	gin (n)	[dʒin]
cognac (m)	coniac (n)	[ko'njak]
rhum (m)	rom (n)	[rom]

café (m)	cafea (f)	[ka'fʲa]
café (m) noir	cafea (f) neagră	[ka'fʲa 'nʲagrə]
café (m) au lait	cafea (f) cu lapte	[ka'fʲa ku 'lapte]
cappuccino (m)	cafea (f) cu frişcă	[ka'fʲa ku 'friʃkə]
café (m) soluble	cafea (f) solubilă	[ka'fʲa so'lubilə]

lait (m)	lapte (n)	['lapte]
cocktail (m)	cocteil (n)	[kok'tejl]
cocktail (m) au lait	cocteil (n) din lapte	[kok'tejl din 'lapte]

jus (m)	suc (n)	[suk]
jus (m) de tomate	suc (n) de roşii	[suk de 'roʃij]
jus (m) d'orange	suc (n) de portocale	[suk de porto'kale]
jus (m) pressé	suc (n) natural	[suk natu'ral]

bière (f)	bere (f)	['bere]
bière (f) blonde	bere (f) blondă	['bere 'blondə]
bière (f) brune	bere (f) brună	['bere 'brunə]

thé (m)	ceai (n)	[tʃaj]
thé (m) noir	ceai (n) negru	[tʃaj 'negru]
thé (m) vert	ceai (n) verde	[tʃaj 'verde]

54. Les légumes

| légumes (m pl) | legume (f pl) | [le'gume] |
| verdure (f) | verdeaţă (f) | [ver'dʲatsə] |

tomate (f)	roşie (f)	['roʃie]
concombre (m)	castravete (m)	[kastra'vete]
carotte (f)	morcov (m)	['morkov]
pomme (f) de terre	cartof (m)	[kar'tof]
oignon (m)	ceapă (f)	['tʃapə]
ail (m)	usturoi (m)	[ustu'roj]

chou (m)	varză (f)	['varzə]
chou-fleur (m)	conopidă (f)	[kono'pide]
chou (m) de Bruxelles	varză (f) de Bruxelles	['varzə de bruk'sel]
brocoli (m)	broccoli (m)	['brokoli]

betterave (f)	sfeclă (f)	['sfeklə]
aubergine (f)	pătlăgea (f) vânătă	[pətlə'dʒʲa 'vɨnətə]
courgette (f)	dovlecel (m)	[dovle'tʃel]
potiron (m)	dovleac (m)	[dov'lʲak]

navet (m)	nap (m)	[nap]
persil (m)	pătrunjel (m)	[pətrun'ʒel]
fenouil (m)	mărar (m)	[mə'rar]
laitue (f) (salade)	salată (f)	[sa'latə]
céleri (m)	țelină (f)	['ʦelinə]
asperge (f)	sparanghel (m)	[sparan'gel]
épinard (m)	spanac (n)	[spa'nak]
pois (m)	mazăre (f)	['mazəre]
fèves (f pl)	boabe (f pl)	[bo'abe]
maïs (m)	porumb (m)	[po'rumb]
haricot (m)	fasole (f)	[fa'sole]
poivron (m)	piper (m)	[pi'per]
radis (m)	ridiche (f)	[ri'dike]
artichaut (m)	anghinare (f)	[angi'nare]

55. Les fruits. Les noix

fruit (m)	fruct (n)	[frukt]
pomme (f)	măr (n)	[mər]
poire (f)	pară (f)	['parə]
citron (m)	lămâie (f)	[lə'mɨie]
orange (f)	portocală (f)	[porto'kalə]
fraise (f)	căpșună (f)	[kəp'ʃunə]
mandarine (f)	mandarină (f)	[manda'rinə]
prune (f)	prună (f)	['prunə]
pêche (f)	piersică (f)	['pjersikə]
abricot (m)	caisă (f)	[ka'isə]
framboise (f)	zmeură (f)	['zmeurə]
ananas (m)	ananas (m)	[ana'nas]
banane (f)	banană (f)	[ba'nanə]
pastèque (f)	pepene (m) verde	['pepene 'verde]
raisin (m)	struguri (m pl)	['strugurʲ]
cerise (f)	vișină (f)	['viʃinə]
merise (f)	cireașă (f)	[tʃi'rʲaʃə]
melon (m)	pepene (m) galben	['pepene 'galben]
pamplemousse (m)	grepfrut (n)	['grepfrut]
avocat (m)	avocado (n)	[avo'kado]
papaye (f)	papaia (f)	[pa'paja]
mangue (f)	mango (n)	['mango]
grenade (f)	rodie (f)	['rodie]
groseille (f) rouge	coacăză (f) roșie	[ko'akəzə 'roʃie]
cassis (m)	coacăză (f) neagră	[ko'akəzə 'nʲagrə]
groseille (f) verte	agrișă (f)	[a'griʃə]
myrtille (f)	afină (f)	[a'finə]

mûre (f)	**mură** (f)	['murə]
raisin (m) sec	**stafidă** (f)	[sta'fidə]
figue (f)	**smochină** (f)	[smo'kinə]
datte (f)	**curmală** (f)	[kur'malə]

cacahuète (f)	**arahidă** (f)	[ara'hidə]
amande (f)	**migdală** (f)	[mig'dalə]
noix (f)	**nucă** (f)	['nukə]
noisette (f)	**alună** (f) **de pădure**	[a'lunə de pə'dure]
noix (f) de coco	**nucă** (f) **de cocos**	['nukə de 'kokos]
pistaches (f pl)	**fistic** (m)	['fistik]

56. Le pain. Les confiseries

confiserie (f)	**produse** (n pl) **de cofetărie**	[pro'duse də kofetə'rie]
pain (m)	**pâine** (f)	['pɨne]
biscuit (m)	**biscuit** (m)	[bisku'it]

chocolat (m)	**ciocolată** (f)	[tʃioko'latə]
en chocolat (adj)	**de, din ciocolată**	[de, din tʃioko'latə]
bonbon (m)	**bomboană** (f)	[bombo'anə]
gâteau (m), pâtisserie (f)	**prăjitură** (f)	[prəʒi'turə]
tarte (f)	**tort** (n)	[tort]

gâteau (m)	**plăcintă** (f)	[plə'tʃintə]
garniture (f)	**umplutură** (f)	[umplu'turə]

confiture (f)	**dulceață** (f)	[dul'tʃatsə]
marmelade (f)	**marmeladă** (f)	[marme'ladə]
gaufre (f)	**napolitane** (f pl)	[napoli'tane]
glace (f)	**înghețată** (f)	[inge'tsatə]

57. Les épices

sel (m)	**sare** (f)	['sare]
salé (adj)	**sărat**	[sə'rat]
saler (vt)	**a săra**	[a sə'ra]

poivre (m) noir	**piper** (m) **negru**	[pi'per 'negru]
poivre (m) rouge	**piper** (m) **roşu**	[pi'per 'roʃu]
moutarde (f)	**muştar** (m)	[muʃ'tar]
raifort (m)	**hrean** (n)	[hr'an]

condiment (m)	**condiment** (n)	[kondi'ment]
épice (f)	**condiment** (n)	[kondi'ment]
sauce (f)	**sos** (n)	[sos]
vinaigre (m)	**oțet** (n)	[o'tset]

anis (m)	**anason** (m)	[ana'son]
basilic (m)	**busuioc** (n)	[busu'jok]
clou (m) de girofle	**cuişoare** (f pl)	[kuiʃo'are]
gingembre (m)	**ghimber** (m)	[gim'ber]
coriandre (m)	**coriandru** (m)	[kori'andru]
cannelle (f)	**scorţişoară** (f)	[skorʦiʃo'arə]
sésame (m)	**susan** (m)	[su'san]
feuille (f) de laurier	**foi** (f) **de dafin**	[foj de 'dafin]
paprika (m)	**paprică** (f)	['paprikə]
cumin (m)	**chimen** (m)	[ki'men]
safran (m)	**şofran** (m)	[ʃo'fran]

T&P BOOKS

LES DONNÉES PERSONNELLES. PERSONNELLES. LA FAMILLE

T&P Books Publishing

prénom (m)	**prenume** (n)	[pre'nume]
nom (m) de famille	**nume** (n)	['nume]
date (f) de naissance	**data** (f) **naşterii**	['data 'naʃterij]
lieu (m) de naissance	**locul** (n) **naşterii**	['lokul 'naʃterij]
nationalité (f)	**naţionalitate** (f)	[natsionali'tate]
domicile (m)	**locul** (n) **de reşedinţă**	['lokul de reʃə'dintsə]
pays (m)	**ţară** (f)	['tsarə]
profession (f)	**profesie** (f)	[pro'fesie]
sexe (m)	**sex** (n)	[seks]
taille (f)	**înălţime** (f)	[inəl'tsime]
poids (m)	**greutate** (f)	[greu'tate]

mère (f)	**mamă** (f)	['mamə]
père (m)	**tată** (m)	['tatə]
fils (m)	**fiu** (m)	['fju]
fille (f)	**fiică** (f)	['fiikə]
fille (f) cadette	**fiica** (f) **mai mică**	['fiika maj 'mikə]
fils (m) cadet	**fiul** (m) **mai mic**	['fjul maj mik]
fille (f) aînée	**fiica** (f) **mai mare**	['fiika maj 'mare]
fils (m) aîné	**fiul** (m) **mai mare**	['fjul maj 'mare]
frère (m)	**frate** (m)	['frate]
sœur (f)	**soră** (f)	['sorə]
cousin (m)	**văr** (m)	[vər]
cousine (f)	**vară** (f)	['varə]
maman (f)	**mamă** (f)	['mamə]
papa (m)	**tată** (m)	['tatə]
parents (m pl)	**părinţi** (m pl)	[pə'rintsi]
enfant (m, f)	**copil** (m)	[ko'pil]
enfants (pl)	**copii** (m pl)	[ko'pij]
grand-mère (f)	**bunică** (f)	[bu'nikə]
grand-père (m)	**bunic** (m)	[bu'nik]
petit-fils (m)	**nepot** (m)	[ne'pot]
petite-fille (f)	**nepoată** (f)	[nepo'atə]
petits-enfants (pl)	**nepoţi** (m pl)	[ne'potsi]

oncle (m)	unchi (m)	[unkʲ]
tante (f)	mătuşă (f)	[məˈtuʃə]
neveu (m)	nepot (m)	[neˈpot]
nièce (f)	nepoată (f)	[nepoˈatə]

belle-mère (f)	soacră (f)	[soˈakrə]
beau-père (m)	socru (m)	[ˈsokru]
gendre (m)	cumnat (m)	[kumˈnat]
belle-mère (f)	mamă vitregă (f)	[ˈmamə ˈvitregə]
beau-père (m)	tată vitreg (m)	[ˈtatə ˈvitreg]

nourrisson (m)	sugaci (m)	[suˈgatʃi]
bébé (m)	prunc (m)	[prunk]
petit (m)	pici (m)	[pitʃi]

femme (f)	soţie (f)	[soˈtsie]
mari (m)	soţ (m)	[sots]
époux (m)	soţ (m)	[sots]
épouse (f)	soţie (f)	[soˈtsie]

marié (adj)	căsătorit	[kəsətoˈrit]
mariée (adj)	căsătorită	[kəsətoˈritə]
célibataire (adj)	celibatar (m)	[tʃelibaˈtar]
célibataire (m)	burlac (m)	[burˈlak]
divorcé (adj)	divorţat	[divorˈtsat]
veuve (f)	văduvă (f)	[vəduvə]
veuf (m)	văduv (m)	[vəduv]

parent (m)	rudă (f)	[ˈrudə]
parent (m) proche	rudă (f) apropiată	[ˈrudə apropiˈjatə]
parent (m) éloigné	rudă (f) îndepărtată	[ˈrudə îndeperˈtatə]
parents (m pl)	rude (f pl) de sânge	[ˈrude de ˈsɨndʒe]

orphelin (m), orpheline (f)	orfan (m)	[orˈfan]
tuteur (m)	tutore (m)	[tuˈtore]
adopter (un garçon)	a adopta	[a adopˈta]
adopter (une fille)	a adopta	[a adopˈta]

60. Les amis. Les collègues

ami (m)	prieten (m)	[priˈeten]
amie (f)	prietenă (f)	[priˈetenə]
amitié (f)	prietenie (f)	[prieteˈnie]
être ami	a prieteni	[a prieteˈni]

copain (m)	amic (m)	[aˈmik]
copine (f)	amică (f)	[aˈmikə]
partenaire (m)	partener (m)	[parteˈner]
chef (m)	şef (m)	[ʃef]
supérieur (m)	director (m)	[diˈrektor]

subordonné (m)	**subordonat** (m)	[subordo'nat]
collègue (m, f)	**coleg** (m)	[ko'leg]
connaissance (f)	**cunoscut** (m)	[kunos'kut]
compagnon (m) de route	**tovarăş** (m) **de drum**	[to'varəʃ de drum]
copain (m) de classe	**coleg** (m) **de clasă**	[ko'leg de 'klasə]
voisin (m)	**vecin** (m)	[ve'tʃin]
voisine (f)	**vecină** (f)	[ve'tʃinə]
voisins (m pl)	**vecini** (m pl)	[ve'tʃinʲ]

T&P BOOKS

LE CORPS HUMAIN.
LES MÉDICAMENTS

T&P Books Publishing

61. La tête

tête (f)	**cap** (n)	[kap]
visage (m)	**faţă** (f)	['fatsə]
nez (m)	**nas** (n)	[nas]
bouche (f)	**gură** (f)	['gurə]
œil (m)	**ochi** (m)	[okʲ]
les yeux	**ochi** (m pl)	[okʲ]
pupille (f)	**pupilă** (f)	[pu'pilə]
sourcil (m)	**sprânceană** (f)	[sprɨn'tʃanə]
cil (m)	**geană** (f)	['dʒanə]
paupière (f)	**pleoapă** (f)	[pleo'apə]
langue (f)	**limbă** (f)	['limbə]
dent (f)	**dinte** (m)	['dinte]
lèvres (f pl)	**buze** (f pl)	['buze]
pommettes (f pl)	**pomeți** (m pl)	[po'metsʲ]
gencive (f)	**gingie** (f)	[dʒin'dʒie]
palais (m)	**palat** (n)	[pa'lat]
narines (f pl)	**nări** (f pl)	[nərʲ]
menton (m)	**bărbie** (f)	[bər'bie]
mâchoire (f)	**maxilar** (n)	[maksi'lar]
joue (f)	**obraz** (m)	[o'braz]
front (m)	**frunte** (f)	['frunte]
tempe (f)	**tâmplă** (f)	['tɨmplə]
oreille (f)	**ureche** (f)	[u'reke]
nuque (f)	**ceafă** (f)	['tʃafə]
cou (m)	**gât** (n)	[gɨt]
gorge (f)	**gât** (n)	[gɨt]
cheveux (m pl)	**păr** (m)	[pər]
coiffure (f)	**coafură** (f)	[koa'furə]
coupe (f)	**tunsoare** (f)	[tunso'are]
perruque (f)	**perucă** (f)	[pe'rukə]
moustache (f)	**mustăți** (f pl)	[mus'tətsʲ]
barbe (f)	**barbă** (f)	['barbə]
porter (~ la barbe)	**a purta**	[a pur'ta]
tresse (f)	**cosiță** (f)	[ko'sitsə]
favoris (m pl)	**favoriți** (m pl)	[favo'ritsʲ]
roux (adj)	**roşcat**	[roʃ'kat]
gris, grisonnant (adj)	**cărunt**	[kə'runt]

chauve (adj)	**chel**	[kel]
calvitie (f)	**chelie** (f)	[ke'lie]
queue (f) de cheval	**coadă** (f)	[ko'adə]
frange (f)	**breton** (n)	[bre'ton]

62. Le corps humain

main (f)	**mână** (f)	['mɨnə]
bras (m)	**braţ** (n)	[brats]
doigt (m)	**deget** (n)	['dedʒet]
pouce (m)	**degetul** (n) **mare**	['dedʒetul 'mare]
petit doigt (m)	**degetul** (n) **mic**	['dedʒetul mik]
ongle (m)	**unghie** (f)	['ungie]
poing (m)	**pumn** (m)	[pumn]
paume (f)	**palmă** (f)	['palmə]
poignet (m)	**încheietura** (f) **mâinii**	[ɨnkeje'tura 'mɨnij]
avant-bras (m)	**antebraţ** (n)	[ante'brats]
coude (m)	**cot** (n)	[kot]
épaule (f)	**umăr** (m)	['umər]
jambe (f)	**picior** (n)	[pi'tʃior]
pied (m)	**talpă** (f)	['talpə]
genou (m)	**genunchi** (n)	[dʒe'nunkʲ]
mollet (m)	**pulpă** (f)	['pulpə]
hanche (f)	**coapsă** (f)	[ko'apsə]
talon (m)	**călcâi** (n)	[kəl'kɨj]
corps (m)	**corp** (n)	[korp]
ventre (m)	**burtă** (f)	['burtə]
poitrine (f)	**piept** (n)	[pjept]
sein (m)	**sân** (m)	[sɨn]
côté (m)	**coastă** (f)	[ko'astə]
dos (m)	**spate** (n)	['spate]
reins (région lombaire)	**regiune** (f) **lombară**	[redʒi'une lom'barə]
taille (f) (~ de guêpe)	**talie** (f)	['talie]
nombril (m)	**buric** (n)	[bu'rik]
fesses (f pl)	**fese** (f pl)	['fese]
derrière (m)	**şezut** (n)	[ʃe'zut]
grain (m) de beauté	**aluniţă** (f)	[alu'nitsə]
tache (f) de vin	**semn** (n) **din naştere**	[semn din 'naʃtere]
tatouage (m)	**tatuaj** (n)	[tatu'aʒ]
cicatrice (f)	**cicatrice** (f)	[tʃika'tritʃe]

63. Les maladies

maladie (f)	**boală** (f)	[bo'alə]
être malade	**a fi bolnav**	[a fi bol'nav]
santé (f)	**sănătate** (f)	[sənə'tate]
rhume (m) (coryza)	**guturai** (n)	[gutu'raj]
angine (f)	**anghină** (f)	[a'nginə]
refroidissement (m)	**răceală** (f)	[rə'ʧalə]
prendre froid	**a răci**	[a rə'ʧi]
bronchite (f)	**bronşită** (f)	[bron'ʃitə]
pneumonie (f)	**pneumonie** (f)	[pneumo'nie]
grippe (f)	**gripă** (f)	['gripə]
myope (adj)	**miop**	[mi'op]
presbyte (adj)	**prezbit**	[prez'bit]
strabisme (m)	**strabism** (n)	[stra'bism]
strabique (adj)	**saşiu**	[sa'ʃiu]
cataracte (f)	**cataractă** (f)	[kata'raktə]
glaucome (m)	**glaucom** (n)	[glau'kom]
insulte (f)	**congestie** (f)	[kon'ʤestie]
crise (f) cardiaque	**infarct** (n)	[in'farkt]
infarctus (m) de myocarde	**infarct** (n) **miocardic**	[in'farkt mio'kardik]
paralysie (f)	**paralizie** (f)	[parali'zie]
paralyser (vt)	**a paraliza**	[a parali'za]
allergie (f)	**alergie** (f)	[aler'ʤie]
asthme (m)	**astmă** (f)	['astmə]
diabète (m)	**diabet** (n)	[dia'bet]
mal (m) de dents	**durere** (f) **de dinţi**	[du'rere de dinʦ]
carie (f)	**carie** (f)	['karie]
diarrhée (f)	**diaree** (f)	[dia'ree]
constipation (f)	**constipaţie** (f)	[konsti'paʦie]
estomac (m) barbouillé	**deranjament** (n) **la stomac**	[deranʒa'ment la sto'mak]
intoxication (f) alimentaire	**intoxicare** (f)	[intoksi'kare]
être intoxiqué	**a se intoxica**	[a se intoksi'ka]
arthrite (f)	**artrită** (f)	[ar'tritə]
rachitisme (m)	**rahitism** (n)	[rahi'tism]
rhumatisme (m)	**reumatism** (n)	[reuma'tism]
athérosclérose (f)	**ateroscleroză** (f)	[arterioskle'rozə]
gastrite (f)	**gastrită** (f)	[gas'tritə]
appendicite (f)	**apendicită** (f)	[apendi'ʧitə]
cholécystite (f)	**colecistită** (f)	[koleʧis'titə]
ulcère (m)	**ulcer** (n)	[ul'ʧer]

rougeole (f)	pojar	[po'ʒar]
rubéole (f)	rubeolă (f)	[ruʒe'ole]
jaunisse (f)	icter (n)	['ikter]
hépatite (f)	hepatită (f)	[hepa'tite]

schizophrénie (f)	schizofrenie (f)	[skizofre'nie]
rage (f) (hydrophobie)	turbare (f)	[tur'bare]
névrose (f)	nevroză (f)	[ne'vroze]
commotion (f) cérébrale	comoție (f) cerebrală	[ko'motsie tʃere'brale]

cancer (m)	cancer (n)	['kantʃer]
sclérose (f)	scleroză (f)	[skle'roze]
sclérose (f) en plaques	scleroză multiplă (f)	[skle'roze mul'tiple]

alcoolisme (m)	alcoolism (n)	[alkoo'lizm]
alcoolique (m)	alcoolic (m)	[alko'olik]
syphilis (f)	sifilis (n)	['sifilis]
SIDA (m)	SIDA (f)	['sida]

tumeur (f)	tumoare (f)	[tumo'are]
maligne (adj)	malignă	[ma'ligne]
bénigne (adj)	benignă	[be'nigne]

fièvre (f)	friguri (n pl)	['frigur']
malaria (f)	malarie (f)	[mala'rie]
gangrène (f)	cangrenă (f)	[kan'grene]
mal (m) de mer	rău (n) de mare	[reu de 'mare]
épilepsie (f)	epilepsie (f)	[epilep'sie]

épidémie (f)	epidemie (f)	[epide'mie]
typhus (m)	tifos (n)	['tifos]
tuberculose (f)	tuberculoză (f)	[tuberku'loze]
choléra (m)	holeră (f)	['holere]
peste (f)	ciumă (f)	['tʃiume]

64. Les symptômes. Le traitement. Partie 1

symptôme (m)	simptom (n)	[simp'tom]
température (f)	temperatură (f)	[tempera'ture]
fièvre (f)	febră (f)	['febre]
pouls (m)	puls (n)	[puls]

vertige (m)	amețeală (f)	[ame'tsʲale]
chaud (adj)	fierbinte	[fier'binte]
frisson (m)	frisoane (n pl)	[friso'ane]
pâle (adj)	palid	['palid]

toux (f)	tuse (f)	['tuse]
tousser (vi)	a tuşi	[a tu'ʃi]
éternuer (vi)	a strănuta	[a strenu'ta]

évanouissement (m)	**leşin** (n)	[le'ʃin]
s'évanouir (vp)	**a leşina**	[a leʃi'na]
bleu (m)	**vânătaie** (f)	[vinə'tae]
bosse (f)	**cucui** (n)	[ku'kuj]
se heurter (vp)	**a se lovi**	[a se lo'vi]
meurtrissure (f)	**contuzie** (f)	[kon'tuzie]
se faire mal	**a se lovi**	[a se lo'vi]
boiter (vi)	**a şchiopăta**	[a ʃkiopə'ta]
foulure (f)	**luxaţie** (f)	[luk'satsie]
se démettre (l'épaule, etc.)	**a luxa**	[a luk'sa]
fracture (f)	**fractură** (f)	[frak'turə]
avoir une fracture	**a fractura**	[a fraktu'ra]
coupure (f)	**tăietură** (f)	[təe'turə]
se couper (~ le doigt)	**a se tăia**	[a se tə'ja]
hémorragie (f)	**sângerare** (f)	[sindʒe'rare]
brûlure (f)	**arsură** (f)	[ar'surə]
se brûler (vp)	**a se frige**	[a se 'fridʒe]
se piquer (le doigt)	**a înţepa**	[a intse'pa]
se piquer (vp)	**a se înţepa**	[a s intse'pa]
blesser (vt)	**a se răni**	[a se rə'ni]
blessure (f)	**vătămare** (f)	[vətə'mare]
plaie (f) (blessure)	**rană** (f)	['ranə]
trauma (m)	**traumă** (f)	['traumə]
délirer (vi)	**a delira**	[a deli'ra]
bégayer (vi)	**a se bâlbâi**	[a se bilbi'i]
insolation (f)	**insolaţie** (f)	[inso'latsie]

65. Les symptômes. Le traitement. Partie 2

douleur (f)	**durere** (f)	[du'rere]
écharde (f)	**ghimpe** (m)	['gimpe]
sueur (f)	**transpiraţie** (f)	[transpi'ratsie]
suer (vi)	**a transpira**	[a transpi'ra]
vomissement (m)	**vomă** (f)	['vomə]
spasmes (m pl)	**convulsii** (f pl)	[kon'vulsij]
enceinte (adj)	**gravidă** (f)	[gra'vidə]
naître (vi)	**a se naşte**	[a se 'naʃte]
accouchement (m)	**naştere** (f)	['naʃtere]
accoucher (vi)	**a naşte**	[a 'naʃte]
avortement (m)	**avort** (n)	[a'vort]
respiration (f)	**respiraţie** (f)	[respi'ratsie]
inhalation (f)	**inspiraţie** (f)	[inspi'ratsie]

expiration (f)	**expirație** (f)	[ekspi'ratsie]
expirer (vi)	**a expira**	[a ekspi'ra]
inspirer (vi)	**a inspira**	[a inspi'ra]
invalide (m)	**invalid** (m)	[inva'lid]
handicapé (m)	**infirm** (m)	[in'firm]
drogué (m)	**narcoman** (m)	[narko'man]
sourd (adj)	**surd**	[surd]
muet (adj)	**mut**	[mut]
sourd-muet (adj)	**surdo-mut**	[surdo'mut]
fou (adj)	**nebun**	[ne'bun]
fou (m)	**nebun** (m)	[ne'bun]
folle (f)	**nebună** (f)	[ne'bunə]
devenir fou	**a înnebuni**	[a innebu'ni]
gène (m)	**genă** (f)	['dʒenə]
immunité (f)	**imunitate** (f)	[imuni'tate]
héréditaire (adj)	**ereditar**	[eredi'tar]
congénital (adj)	**congenital**	[kondʒeni'tal]
virus (m)	**virus** (m)	['virus]
microbe (m)	**microb** (m)	[mi'krob]
bactérie (f)	**bacterie** (f)	[bak'terie]
infection (f)	**infecție** (f)	[in'fektsie]

66. Les symptômes. Le traitement. Partie 3

hôpital (m)	**spital** (n)	[spi'tal]
patient (m)	**pacient** (m)	[patʃi'ent]
diagnostic (m)	**diagnostic** (n)	[diag'nostik]
cure (f) (faire une ~)	**tratament** (n)	[trata'ment]
se faire soigner	**a urma tratament**	[a ur'ma trata'ment]
traiter (un patient)	**a trata**	[a tra'ta]
soigner (un malade)	**a îngriji**	[a ingri'ʒi]
soins (m pl)	**îngrijire** (f)	[ingri'ʒire]
opération (f)	**operație** (f)	[ope'ratsie]
panser (vt)	**a pansa**	[a pan'sa]
pansement (m)	**pansare** (f)	[pan'sare]
vaccination (f)	**vaccin** (n)	[vak'tʃin]
vacciner (vt)	**a vaccina**	[a vaktʃi'na]
piqûre (f)	**injecție** (f)	[in'ʒektsie]
faire une piqûre	**a face injecție**	[a 'fatʃe in'ʒektsie]
amputation (f)	**amputare** (f)	[ampu'tare]
amputer (vt)	**a amputa**	[a ampu'ta]

coma (m)	comă (f)	['komə]
être dans le coma	a fi în comă	[a fi in 'komə]
réanimation (f)	reanimare (f)	[reani'mare]
se rétablir (vp)	a se vindeca	[a se vinde'ka]
état (m) (de santé)	stare (f)	['stare]
conscience (f)	conştiinţă (f)	[konʃti'intsə]
mémoire (f)	memorie (f)	[me'morie]
arracher (une dent)	a extrage	[a eks'tradʒe]
plombage (m)	plombă (f)	['plombə]
plomber (vt)	a plomba	[a plom'ba]
hypnose (f)	hipnoză (f)	[hip'nozə]
hypnotiser (vt)	a hipnotiza	[a hipnoti'za]

67. Les médicaments. Les accessoires

médicament (m)	medicament (n)	[medika'ment]
remède (m)	remediu (n)	[re'medju]
ordonnance (f)	reţetă (f)	[re'tsetə]
comprimé (m)	pastilă (f)	[pas'tilə]
onguent (m)	unguent (n)	[ungu'ent]
ampoule (f)	fiolă (f)	[fi'olə]
mixture (f)	mixtură (f)	[miks'turə]
sirop (m)	sirop (n)	[si'rop]
pilule (f)	pilulă (f)	[pi'lulə]
poudre (f)	praf (n)	[praf]
bande (f)	bandaj (n)	[ban'daʒ]
coton (m) (ouate)	vată (f)	['vatə]
iode (m)	iod (n)	[jod]
sparadrap (m)	leucoplast (n)	[leuko'plast]
compte-gouttes (m)	pipetă (f)	[pi'petə]
thermomètre (m)	termometru (n)	[termo'metru]
seringue (f)	seringă (f)	[se'ringə]
fauteuil (m) roulant	cărucior (n) pentru invalizi	[kəru'tʃior 'pentru inva'lizi]
béquilles (f pl)	cârje (f pl)	['kirʒe]
anesthésique (m)	anestezic (n)	[anes'tezik]
purgatif (m)	laxativ (n)	[laksa'tiv]
alcool (m)	spirt (n)	[spirt]
herbe (f) médicinale	plante (f pl) medicinale	['plante meditʃi'nale]
d'herbes (adj)	din plante medicinale	[din 'plante meditʃi'nale]

L'APPARTEMENT

T&P Books Publishing

appartement (m)	**apartament** (n)	[aparta'ment]
chambre (f)	**cameră** (f)	['kamerə]
chambre (f) à coucher	**dormitor** (n)	[dormi'tor]
salle (f) à manger	**sufragerie** (f)	[sufradʒe'rie]
salon (m)	**salon** (n)	[sa'lon]
bureau (m)	**cabinet** (n)	[kabi'net]
antichambre (f)	**antreu** (n)	[an'treu]
salle (f) de bains	**baie** (f)	['bae]
toilettes (f pl)	**toaletă** (f)	[toa'letə]
plafond (m)	**pod** (n)	[pod]
plancher (m)	**podea** (f)	[po'dʲa]
coin (m)	**colț** (n)	[kolts]

meubles (m pl)	**mobilă** (f)	['mobilə]
table (f)	**masă** (f)	['masə]
chaise (f)	**scaun** (n)	['skaun]
lit (m)	**pat** (n)	[pat]
canapé (m)	**divan** (n)	[di'van]
fauteuil (m)	**fotoliu** (n)	[fo'tolju]
bibliothèque (f) (meuble)	**dulap** (n) **de cărți**	[du'lap de kərts]
rayon (m)	**raft** (n)	[raft]
armoire (f)	**dulap** (n) **de haine**	[du'lap de 'hajne]
patère (f)	**cuier** (n) **perete**	[ku'jer pe'rete]
portemanteau (m)	**cuier** (n) **pom**	[ku'jer pom]
commode (f)	**comodă** (f)	[ko'modə]
table (f) basse	**măsuță** (f)	[mə'sutsə]
miroir (m)	**oglindă** (f)	[og'lində]
tapis (m)	**covor** (n)	[ko'vor]
petit tapis (m)	**carpetă** (f)	[kar'petə]
cheminée (f)	**şemineu** (n)	[ʃemi'neu]
bougie (f)	**lumânare** (f)	[lumi'nare]
chandelier (m)	**sfeşnic** (n)	['sfeʃnik]
rideaux (m pl)	**draperii** (f pl)	[drape'rij]

| papier (m) peint | tapet (n) | [ta'pet] |
| jalousie (f) | jaluzele (f pl) | [ʒalu'zele] |

lampe (f) de table	lampă (f) de birou	['lampə de bi'rou]
applique (f)	lampă (f)	['lampə]
lampadaire (m)	lampă (f) cu picior	['lampə ku pi'ʧior]
lustre (m)	lustră (f)	['lustrə]

pied (m) (~ de la table)	picior (n)	[pi'ʧior]
accoudoir (m)	braţ (n) la fotoliu	['braʦ la fo'tolju]
dossier (m)	spătar (n)	[spə'tar]
tiroir (m)	sertar (n)	[ser'tar]

70. La literie

linge (m) de lit	lenjerie (f)	[lenʒe'rie]
oreiller (m)	pernă (f)	['pernə]
taie (f) d'oreiller	faţă (f) de pernă	['faʦə de 'pernə]
couverture (f)	plapumă (f)	['plapumə]
drap (m)	cearşaf (n)	[ʧar'ʃaf]
couvre-lit (m)	pătură (f)	[pəturə]

71. La cuisine

cuisine (f)	bucătărie (f)	[bukətə'rie]
gaz (m)	gaz (n)	[gaz]
cuisinière (f) à gaz	aragaz (n)	[ara'gaz]
cuisinière (f) électrique	plită (f) electrică	['plitə e'lektrikə]
four (m)	cuptor (n)	[kup'tor]
four (m) micro-ondes	cuptor (n) cu microunde	[kup'tor ku mikro'unde]

réfrigérateur (m)	frigider (n)	[friʤi'der]
congélateur (m)	congelator (n)	[konʤela'tor]
lave-vaisselle (m)	maşină (f) de spălat vase	[ma'ʃinə de spə'lat 'vase]

hachoir (m) à viande	maşină (f) de tocat carne	[ma'ʃinə de to'kat 'karne]
centrifugeuse (f)	storcător (n)	[storkə'tor]
grille-pain (m)	prăjitor (n) de pâine	[prəʒi'tor de 'pine]
batteur (m)	mixer (n)	['mikser]

machine (f) à café	fierbător (n) de cafea	[fierbə'tor de ka'fʲa]
cafetière (f)	ibric (n)	[i'brik]
moulin (m) à café	râşniţă (f) de cafea	['riʃnitsə de ka'fʲa]

bouilloire (f)	ceainic (n)	['ʧajnik]
théière (f)	ceainic (n)	['ʧajnik]
couvercle (m)	capac (n)	[ka'pak]
passoire (f) à thé	strecurătoare (f)	[strekurəto'are]

cuillère (f)	**lingură** (f)	['lingurə]
petite cuillère (f)	**linguriță** (f) **de ceai**	[lingu'ritsə de tʃaj]
cuillère (f) à soupe	**lingură** (f)	['lingurə]
fourchette (f)	**furculiță** (f)	[furku'litsə]
couteau (m)	**cuțit** (n)	[ku'tsit]
vaisselle (f)	**vase** (n pl)	['vase]
assiette (f)	**farfurie** (f)	[farfu'rie]
soucoupe (f)	**farfurioară** (f)	[farfurio'arə]
verre (m) à shot	**păhărel** (n)	[pəhə'rel]
verre (m) (~ d'eau)	**pahar** (n)	[pa'har]
tasse (f)	**ceaşcă** (f)	['tʃaʃkə]
sucrier (m)	**zaharniță** (f)	[za'harnitsə]
salière (f)	**solniță** (f)	['solnitsə]
poivrière (f)	**piperniță** (f)	[pi'pernitsə]
beurrier (m)	**untieră** (f)	[un'tjerə]
casserole (f)	**cratiță** (f)	['kratitsə]
poêle (f)	**tigaie** (f)	[ti'gae]
louche (f)	**polonic** (n)	[polo'nik]
passoire (f)	**strecurătoare** (f)	[strekurəto'are]
plateau (m)	**tavă** (f)	['tavə]
bouteille (f)	**sticlă** (f)	['stiklə]
bocal (m) (à conserves)	**borcan** (n)	[bor'kan]
boîte (f) en fer-blanc	**cutie** (f)	[ku'tie]
ouvre-bouteille (m)	**deschizător** (n) **de sticle**	[deskizə'tor de 'stikle]
ouvre-boîte (m)	**deschizător** (n) **de conserve**	[deskizə'tor de kon'serve]
tire-bouchon (m)	**tirbuşon** (n)	[tirbu'ʃon]
filtre (m)	**filtru** (n)	['filtru]
filtrer (vt)	**a filtra**	[a fil'tra]
ordures (f pl)	**gunoi** (n)	[gu'noj]
poubelle (f)	**coş** (n) **de gunoi**	[koʃ de gu'noj]

72. La salle de bains

salle (f) de bains	**baie** (f)	['bae]
eau (f)	**apă** (f)	['apə]
robinet (m)	**robinet** (n)	[robi'net]
eau (f) chaude	**apă** (f) **fierbinte**	['apə fjer'binte]
eau (f) froide	**apă** (f) **rece**	['apə 'retʃe]
dentifrice (m)	**pastă** (f) **de dinţi**	['pastə de dintsʲ]
se brosser les dents	**a se spăla pe dinţi**	[a se spə'la pe dintsʲ]
se raser (vp)	**a se bărbieri**	[a se bərbie'ri]

| mousse (f) à raser | spumă (f) de ras | ['spumə de 'ras] |
| rasoir (m) | brici (n) | ['britʃi] |

laver (vt)	a spăla	[a spə'la]
se laver (vp)	a se spăla	[a se spə'la]
douche (f)	duş (n)	[duʃ]
prendre une douche	a face duş	[a 'fatʃe duʃ]

baignoire (f)	cadă (f)	['kadə]
cuvette (f)	closet (n)	[klo'set]
lavabo (m)	chiuvetă (f)	[kju'vetə]

| savon (m) | săpun (n) | [sə'pun] |
| porte-savon (m) | săpunieră (f) | [səpu'njerə] |

éponge (f)	burete (n)	[bu'rete]
shampooing (m)	şampon (n)	[ʃam'pon]
serviette (f)	prosop (n)	[pro'sop]
peignoir (m) de bain	halat (n)	[ha'lat]

lessive (f) (faire la ~)	spălat (n)	[spə'lat]
machine (f) à laver	maşină (f) de spălat	[ma'ʃinə de spə'lat]
faire la lessive	a spăla haine	[a spə'la 'hajne]
lessive (f) (poudre)	detergent (n)	[deter'dʒent]

73. Les appareils électroménagers

téléviseur (m)	televizor (n)	[televi'zor]
magnétophone (m)	casetofon (n)	[kaseto'fon]
magnétoscope (m)	videomagnetofon (n)	[videomagneto'fon]
radio (f)	aparat (n) de radio	[apa'rat de 'radio]
lecteur (m)	CD player (n)	[si'di 'pleer]

vidéoprojecteur (m)	proiector (n) video	[proek'tor 'video]
home cinéma (m)	sistem (n) home cinema	[sis'tem 'houm 'sinema]
lecteur DVD (m)	DVD-player (n)	[divi'di 'pleer]
amplificateur (m)	amplificator (n)	[amplifi'kator]
console (f) de jeux	consolă (f) de jocuri	[kon'solə de 'ʒokurʲ]

caméscope (m)	cameră (f) video	['kamerə 'video]
appareil (m) photo	aparat (n) foto	[apa'rat 'foto]
appareil (m) photo numérique	aparat (n) foto digital	[apa'rat 'foto didʒi'tal]

aspirateur (m)	aspirator (n)	[aspira'tor]
fer (m) à repasser	fier (n) de călcat	[fier de kəl'kat]
planche (f) à repasser	masă (f) de călcat	['masə de kəl'kat]

| téléphone (m) | telefon (n) | [tele'fon] |
| portable (m) | telefon (n) mobil | [tele'fon mo'bil] |

machine (f) à écrire	**maşină** (f) **de scris**	[ma'ʃɪnə de skris]
machine (f) à coudre	**maşină** (f) **de cusut**	[ma'ʃɪnə de ku'sut]
micro (m)	**microfon** (n)	[mikro'fon]
écouteurs (m pl)	**căşti** (f pl)	[kəʃtʲ]
télécommande (f)	**telecomandă** (f)	[teleko'mandə]
CD (m)	**CD** (n)	[si'di]
cassette (f)	**casetă** (f)	[ka'setə]
disque (m) (vinyle)	**placă** (f)	['plakə]

T&P BOOKS

LA TERRE. LE TEMPS

T&P Books Publishing

74. L'espace cosmique

cosmos (m)	**cosmos** (n)	['kosmos]
cosmique (adj)	**cosmic**	['kosmik]
espace (m) cosmique	**spaţiu** (n) **cosmic**	['spatsju 'kosmik]
galaxie (f)	**galaxie** (f)	[galak'sie]
étoile (f)	**stea** (f)	[stʲa]
constellation (f)	**constelaţie** (f)	[konste'latsie]
planète (f)	**planetă** (f)	[pla'netə]
satellite (m)	**satelit** (m)	[sate'lit]
météorite (m)	**meteorit** (m)	[meteo'rit]
comète (f)	**cometă** (f)	[ko'metə]
astéroïde (m)	**asteroid** (m)	[astero'id]
orbite (f)	**orbită** (f)	[or'bitə]
tourner (vi)	**a se roti**	[a se ro'ti]
atmosphère (f)	**atmosferă** (f)	[atmos'ferə]
Soleil (m)	**soare** (n)	[so'are]
système (m) solaire	**sistem** (n) **solar**	[sis'tem so'lar]
éclipse (f) de soleil	**eclipsă** (f) **de soare**	[ek'lipsə de so'are]
Terre (f)	**Pământ** (n)	[pə'mɨnt]
Lune (f)	**Lună** (f)	['lunə]
Mars (m)	**Marte** (m)	['marte]
Vénus (f)	**Venus** (f)	['venus]
Jupiter (m)	**Jupiter** (m)	['ʒupiter]
Saturne (m)	**Saturn** (m)	[sa'turn]
Mercure (m)	**Mercur** (m)	[mer'kur]
Uranus (m)	**Uranus** (m)	[u'ranus]
Neptune	**Neptun** (m)	[nep'tun]
Pluton (m)	**Pluto** (m)	['pluto]
la Voie Lactée	**Calea** (f) **Lactee**	['kalʲa lak'tee]
la Grande Ours	**Ursa** (f) **mare**	['ursa 'mare]
la Polaire	**Steaua** (f) **polară**	['stʲawa po'larə]
martien (m)	**marţian** (m)	[martsi'an]
extraterrestre (m)	**extraterestru** (m)	[ekstrate'restru]
alien (m)	**extraterestru** (m)	[ekstrate'restru]
soucoupe (f) volante	**farfurie** (f) **zburătoare**	[farfu'rie zburəto'are]
vaisseau (m) spatial	**navă** (f) **spaţială**	['navə spatsi'alə]

station (f) orbitale	**stație** (f) **orbitală**	['statsie orbi'talə]
lancement (m)	**start** (n)	[start]
moteur (m)	**motor** (n)	[mo'tor]
tuyère (f)	**ajutaj** (n)	[aʒu'taʒ]
carburant (m)	**combustibil** (m)	[kombus'tibil]
cabine (f)	**cabină** (f)	[ka'binə]
antenne (f)	**antenă** (f)	[an'tenə]
hublot (m)	**hublou** (n)	[hu'blou]
batterie (f) solaire	**baterie** (f) **solară**	[bate'rie so'larə]
scaphandre (m)	**scafandru** (m)	[ska'fandru]
apesanteur (f)	**imponderabilitate** (f)	[imponderabili'tate]
oxygène (m)	**oxigen** (n)	[oksi'dʒen]
arrimage (m)	**unire** (f)	[u'nire]
s'arrimer à …	**a uni**	[a u'ni]
observatoire (m)	**observator** (n) **astronomic**	[observa'tor astro'nomik]
télescope (m)	**telescop** (n)	[tele'skop]
observer (vt)	**a observa**	[a obser'va]
explorer (un cosmos)	**a cerceta**	[a tʃertʃe'ta]

75. La Terre

Terre (f)	**Pământ** (n)	[pə'mɨnt]
globe (m) terrestre	**globul** (n) **pământesc**	['globul pəmɨn'tesk]
planète (f)	**planetă** (f)	[pla'netə]
atmosphère (f)	**atmosferă** (f)	[atmos'ferə]
géographie (f)	**geografie** (f)	[dʒeogra'fie]
nature (f)	**natură** (f)	[na'turə]
globe (m) de table	**glob** (n)	[glob]
carte (f)	**hartă** (f)	['hartə]
atlas (m)	**atlas** (n)	[at'las]
Europe (f)	**Europa** (f)	[eu'ropa]
Asie (f)	**Asia** (f)	['asia]
Afrique (f)	**Africa** (f)	['afrika]
Australie (f)	**Australia** (f)	[au'stralia]
Amérique (f)	**America** (f)	[a'merika]
Amérique (f) du Nord	**America** (f) **de Nord**	[a'merika de nord]
Amérique (f) du Sud	**America** (f) **de Sud**	[a'merika de sud]
l'Antarctique (m)	**Antarctida** (f)	[antark'tida]
l'Arctique (m)	**Arctica** (f)	['arktika]

76. Les quatre parties du monde

nord (m)	**nord** (n)	[nord]
vers le nord	**la nord**	[la nord]
au nord	**la nord**	[la nord]
du nord (adj)	**de nord**	[de nord]
sud (m)	**sud** (n)	[sud]
vers le sud	**la sud**	[la sud]
au sud	**la sud**	[la sud]
du sud (adj)	**de sud**	[de sud]
ouest (m)	**vest** (n)	[vest]
vers l'occident	**la vest**	[la vest]
à l'occident	**la vest**	[la vest]
occidental (adj)	**de vest**	[de vest]
est (m)	**est** (n)	[est]
vers l'orient	**la est**	[la est]
à l'orient	**la est**	[la est]
oriental (adj)	**de est**	[de est]

77. Les océans et les mers

mer (f)	**mare** (f)	['mare]
océan (m)	**ocean** (n)	[otʃə'an]
golfe (m)	**golf** (n)	[golf]
détroit (m)	**strâmtoare** (f)	[strimto'are]
continent (m)	**continent** (n)	[konti'nent]
île (f)	**insulă** (f)	['insulə]
presqu'île (f)	**peninsulă** (f)	[pe'ninsulə]
archipel (m)	**arhipelag** (n)	[arhipe'lag]
baie (f)	**golf** (n)	[golf]
port (m)	**port** (n)	[port]
lagune (f)	**lagună** (f)	[la'gunə]
cap (m)	**cap** (n)	[kap]
atoll (m)	**atol** (m)	[a'tol]
récif (m)	**recif** (m)	[re'tʃif]
corail (m)	**coral** (m)	[ko'ral]
récif (m) de corail	**recif** (m) **de corali**	[re'tʃif de ko'ralʲ]
profond (adj)	**adânc**	[a'dink]
profondeur (f)	**adâncime** (f)	[adin'tʃime]
abîme (m)	**abis** (n)	[a'bis]
fosse (f) océanique	**groapă** (f)	[gro'apə]
courant (m)	**curent** (n)	[ku'rent]

baigner (vt) (mer)	a spăla	[a spə'la]
littoral (m)	mal (n)	[mal]
côte (f)	litoral (n)	[lito'ral]

marée (f) haute	flux (n)	[fluks]
marée (f) basse	reflux (n)	[re'fluks]
banc (m) de sable	banc (n) de nisip	[bank de ni'sip]
fond (m)	fund (n)	[fund]

vague (f)	val (n)	[val]
crête (f) de la vague	creasta (f) valului	['kr'asta 'valuluj]
mousse (f)	spumă (f)	['spumə]

tempête (f) en mer	furtună (f)	[fur'tunə]
ouragan (m)	uragan (m)	[ura'gan]
tsunami (m)	tsunami (n)	[tsu'nami]
calme (m)	timp (n) calm	[timp kalm]
calme (tranquille)	liniştit	[liniʃ'tit]

| pôle (m) | pol (n) | [pol] |
| polaire (adj) | polar | [po'lar] |

latitude (f)	longitudine (f)	[londʒi'tudine]
longitude (f)	latitudine (f)	[lati'tudine]
parallèle (f)	paralelă (f)	[para'lelə]
équateur (m)	ecuator (n)	[ekua'tor]

ciel (m)	cer (n)	[tʃer]
horizon (m)	orizont (n)	[ori'zont]
air (m)	aer (n)	['aer]

phare (m)	far (n)	[far]
plonger (vi)	a se scufunda	[a se skufun'da]
sombrer (vi)	a se duce la fund	[a se dutʃe l'a fund]
trésor (m)	comoară (f)	[komo'arə]

78. Les noms des mers et des océans

océan (m) Atlantique	Oceanul (n) Atlantic	[otʃe'anul at'lantik]
océan (m) Indien	Oceanul (n) Indian	[otʃe'anul indi'an]
océan (m) Pacifique	Oceanul (n) Pacific	[otʃe'anul pa'tʃifik]
océan (m) Glacial	Oceanul (n) Îngheţat de Nord	[otʃe'anul inge'tsat de nord]

mer (f) Noire	Marea (f) Neagră	['mar'a 'n'agrə]
mer (f) Rouge	Marea (f) Roşie	['mar'a 'roʃie]
mer (f) Jaune	Marea (f) Galbenă	['mar'a 'galbenə]
mer (f) Blanche	Marea (f) Albă	['mar'a 'albə]
mer (f) Caspienne	Marea (f) Caspică	['mar'a 'kaspikə]
mer (f) Morte	Marea (f) Moartă	['mar'a mo'artə]

mer (f) Méditerranée	**Marea** (f) **Mediterană**	['marɪa medite'ranə]
mer (f) Égée	**Marea** (f) **Egee**	['marɪa e'dʒee]
mer (f) Adriatique	**Marea** (f) **Adriatică**	['marɪa adri'atikə]
mer (f) Arabique	**Marea** (f) **Arabiei**	['marɪa a'rabiej]
mer (f) du Japon	**Marea** (f) **Japoneză**	['marɪa ʒapo'nezə]
mer (f) de Béring	**Marea** (f) **Bering**	['marɪa 'bering]
mer (f) de Chine Méridionale	**Marea** (f) **Chinei de Sud**	['marɪa 'kinej de sud]
mer (f) de Corail	**Marea** (f) **Coral**	['marɪa ko'ral]
mer (f) de Tasman	**Marea** (f) **Tasmaniei**	['marɪa tas'maniej]
mer (f) Caraïbe	**Marea** (f) **Caraibelor**	['marɪa kara'ibelor]
mer (f) de Barents	**Marea** (f) **Barents**	['marɪa ba'rents]
mer (f) de Kara	**Marea** (f) **Kara**	['marɪa 'kara]
mer (f) du Nord	**Marea** (f) **Nordului**	['marɪa 'norduluj]
mer (f) Baltique	**Marea** (f) **Baltică**	['marɪa 'baltikə]
mer (f) de Norvège	**Marea** (f) **Norvegiei**	['marɪa nor'vedʒiej]

79. Les montagnes

montagne (f)	**munte** (m)	['munte]
chaîne (f) de montagnes	**lanţ** (n) **muntos**	[lants mun'tos]
crête (f)	**lanţ** (n) **de munţi**	[lants de munts]
sommet (m)	**vârf** (n)	[vɨrf]
pic (m)	**culme** (f)	['kulmə]
pied (m)	**poale** (f pl)	[po'ale]
pente (f)	**pantă** (f)	['pantə]
volcan (m)	**vulcan** (n)	[vul'kan]
volcan (m) actif	**vulcan** (n) **activ**	[vul'kan ak'tiv]
volcan (m) éteint	**vulcan** (n) **stins**	[vul'kan stins]
éruption (f)	**erupţie** (f)	[e'ruptsie]
cratère (m)	**crater** (n)	['krater]
magma (m)	**magmă** (f)	['magmə]
lave (f)	**lavă** (f)	['lavə]
en fusion (lave ~)	**încins**	[ɨn'tʃins]
canyon (m)	**canion** (n)	[kani'on]
défilé (m) (gorge)	**defileu** (n)	[defi'leu]
crevasse (f)	**pas** (n)	[pas]
col (m) de montagne	**trecătoare** (f)	[trekəto'are]
plateau (m)	**podiş** (n)	[po'diʃ]
rocher (m)	**stâncă** (f)	['stɨnkə]
colline (f)	**deal** (n)	['dɪal]

glacier (m)	ghețar (m)	[ge'tsar]
chute (f) d'eau	cascadă (f)	[kas'kadə]
geyser (m)	gheizer (m)	['gejzer]
lac (m)	lac (n)	[lak]

plaine (f)	şes (n)	[ʃes]
paysage (m)	peisaj (n)	[pej'saʒ]
écho (m)	ecou (n)	[e'kou]

alpiniste (m)	alpinist (m)	[alpi'nist]
varappeur (m)	cățărător (m)	[kətsərə'tor]
conquérir (vt)	a cuceri	[a kutʃe'ri]
ascension (f)	ascensiune (f)	[astʃensi'une]

80. Les noms des chaînes de montagne

Alpes (f pl)	Alpi (m pl)	['alpʲ]
Mont Blanc (m)	Mont Blanc (m)	[mon 'blan]
Pyrénées (f pl)	Pirinei (m)	[piri'nej]

Carpates (f pl)	Carpați (m pl)	[kar'patsʲ]
Monts Oural (m pl)	Munții (m pl) Ural	['muntsij u'ral]
Caucase (m)	Caucaz (m)	[kau'kaz]
Elbrous (m)	Elbrus (m)	['elbrus]

Altaï (m)	Altai (m)	[al'taj]
Tian Chan (m)	Tian-Şan (m)	['tjan 'ʃan]
Pamir (m)	Pamir (m)	[pa'mir]
Himalaya (m)	Himalaya	[hima'laja]
Everest (m)	Everest (m)	[eve'rest]

| Andes (f pl) | Anzi | ['anzʲ] |
| Kilimandjaro (m) | Kilimanjaro (m) | [kiliman'ʒaro] |

81. Les fleuves

rivière (f), fleuve (m)	râu (n)	['riu]
source (f)	izvor (n)	[iz'vor]
lit (m) (d'une rivière)	matcă (f)	['matkə]
bassin (m)	bazin (n)	[ba'zin]
se jeter dans ...	a se vărsa	[a se vər'sa]

| affluent (m) | afluent (m) | [aflu'ent] |
| rive (f) | mal (n) | [mal] |

courant (m)	curs (n)	[kurs]
en aval	în josul apei	[ɨn 'ʒosul 'apej]
en amont	în susul apei	[ɨn 'susul 'apej]

inondation (f)	**inundaţie** (f)	[inun'datsie]
les grandes crues	**revărsare** (f) **a apelor**	[revər'sare a 'apelor]
déborder (vt)	**a se revărsa**	[a se revər'sa]
inonder (vt)	**a inunda**	[a inun'da]
bas-fond (m)	**banc** (n) **de nisip**	[bank de ni'sip]
rapide (m)	**prag** (n)	[prag]
barrage (m)	**baraj** (n)	[ba'raʒ]
canal (m)	**canal** (n)	[ka'nal]
lac (m) de barrage	**bazin** (n)	[ba'zin]
écluse (f)	**ecluză** (f)	[e'kluzə]
plan (m) d'eau	**bazin** (n)	[ba'zin]
marais (m)	**mlaştină** (f)	['mlaʃtinə]
fondrière (f)	**mlaştină** (f)**, smârc** (n)	['mlaʃtinə], [smirk]
tourbillon (m)	**vârtej** (n) **de apă**	[vir'teʒ de 'apə]
ruisseau (m)	**pârâu** (n)	[pi'riu]
potable (adj)	**potabil**	[po'tabil]
douce (l'eau ~)	**nesărat**	[nesə'rat]
glace (f)	**gheaţă** (f)	['gʲatsə]
être gelé	**a îngheţa**	[a inge'tsa]

82. Les noms des fleuves

Seine (f)	**Sena** (f)	['sena]
Loire (f)	**Loara** (f)	[lo'ara]
Tamise (f)	**Tamisa** (f)	[ta'misa]
Rhin (m)	**Rin** (m)	[rin]
Danube (m)	**Dunăre** (f)	['dunəre]
Volga (f)	**Volga** (f)	['volga]
Don (m)	**Don** (m)	[don]
Lena (f)	**Lena** (f)	['lena]
Huang He (m)	**Huang He** (m)	[huan 'he]
Yangzi Jiang (m)	**Yangtze** (m)	[jants'zi]
Mékong (m)	**Mekong** (m)	[me'kong]
Gange (m)	**Gang** (m)	[gang]
Nil (m)	**Nil** (m)	[nil]
Congo (m)	**Congo** (m)	['kongo]
Okavango (m)	**Okavango** (m)	[oka'vango]
Zambèze (m)	**Zambezi** (m)	[zam'bezi]
Limpopo (m)	**Limpopo** (m)	[limpo'po]
Mississippi (m)	**Mississippi** (m)	[misi'sipi]

83. La forêt

forêt (f)	**pădure** (f)	[pə'dure]
forestier (adj)	**de pădure**	[de pə'dure]
fourré (m)	**desiş** (n)	[de'siʃ]
bosquet (m)	**pădurice** (f)	[pədu'ritʃe]
clairière (f)	**poiană** (f)	[po'janə]
broussailles (f pl)	**tufiş** (n)	[tu'fiʃ]
taillis (m)	**arbust** (m)	[ar'bust]
sentier (m)	**cărare** (f)	[kə'rare]
ravin (m)	**râpă** (f)	['rɨpə]
arbre (m)	**copac** (m)	[ko'pak]
feuille (f)	**frunză** (f)	['frunzə]
feuillage (m)	**frunziş** (n)	[frun'ziʃ]
chute (f) de feuilles	**cădere** (f) **a frunzelor**	[kə'dere a 'frunzelor]
tomber (feuilles)	**a cădea**	[a kə'dʲa]
sommet (m)	**vârf** (n)	[vɨrf]
rameau (m)	**ramură** (f)	['ramurə]
branche (f)	**creangă** (f)	['krʲangə]
bourgeon (m)	**mugur** (m)	['mugur]
aiguille (f)	**ac** (n)	[ak]
pomme (f) de pin	**con** (n)	[kon]
creux (m)	**scorbură** (f)	['skorburə]
nid (m)	**cuib** (n)	[kujb]
terrier (m) (~ d'un renard)	**vizuină** (f)	[vizu'ine]
tronc (m)	**trunchi** (n)	[trunkʲ]
racine (f)	**rădăcină** (f)	[rədə'tʃinə]
écorce (f)	**scoarţă** (f)	[sko'artsə]
mousse (f)	**muşchi** (m)	[muʃkʲ]
déraciner (vt)	**a defrişa**	[a defri'ʃa]
abattre (un arbre)	**a tăia**	[a tə'ja]
déboiser (vt)	**a doborî**	[a dobo'rɨ]
souche (f)	**buturugă** (f)	[butu'rugə]
feu (m) de bois	**foc** (n)	[fok]
incendie (m)	**incendiu** (n)	[in'tʃendju]
éteindre (feu)	**a stinge**	[a 'stindʒe]
garde (m) forestier	**pădurar** (m)	[pədu'rar]
protection (f)	**protecţie** (f)	[pro'tektsie]
protéger (vt)	**a ocroti**	[a okro'ti]
braconnier (m)	**braconier** (m)	[brako'njer]

piège (m) à mâchoires	**capcană** (f)	[kap'kanə]
cueillir (vt)	**a strânge**	[a 'strindʒe]
s'égarer (vp)	**a se rătăci**	[a se rətə'tʃi]

84. Les ressources naturelles

ressources (f pl) naturelles	**resurse** (f pl) **naturale**	[re'surse natu'rale]
minéraux (m pl)	**bogăţii** (f pl) **minerale**	[bogə'tsij mine'rale]
gisement (m)	**depozite** (n pl)	[de'pozite]
champ (m) (~ pétrolifère)	**zăcământ** (n)	[zəkə'mint]

extraire (vt)	**a extrage**	[a eks'tradʒe]
extraction (f)	**obţinere** (f)	[ob'tsinere]
minerai (m)	**minereu** (n)	[mine'reu]
mine (f) (site)	**mină** (f)	['minə]
puits (m) de mine	**puţ** (n)	['puts]
mineur (m)	**miner** (m)	[mi'ner]

| gaz (m) | **gaz** (n) | [gaz] |
| gazoduc (m) | **conductă** (f) **de gaze** | [kon'duktə de 'gaze] |

pétrole (m)	**petrol** (n)	[pe'trol]
pipeline (m)	**conductă** (f) **de petrol**	[kon'duktə de pe'trol]
tour (f) de forage	**sondă** (f) **de ţiţei** (n)	['sondə de tsi'tsej]
derrick (m)	**turlă** (f) **de foraj**	['turlə de fo'raʒ]
pétrolier (m)	**tanc** (n) **petrolier**	['tank petro'ljer]

sable (m)	**nisip** (n)	[ni'sip]
calcaire (m)	**calcar** (n)	[kal'kar]
gravier (m)	**pietriş** (n)	[pe'triʃ]
tourbe (f)	**turbă** (f)	['turbə]
argile (f)	**argilă** (f)	[ar'dʒilə]
charbon (m)	**cărbune** (m)	[kər'bune]

fer (m)	**fier** (m)	[fier]
or (m)	**aur** (n)	['aur]
argent (m)	**argint** (n)	[ar'dʒint]
nickel (m)	**nichel** (n)	['nikel]
cuivre (m)	**cupru** (n)	['kupru]

| zinc (m) | **zinc** (n) | [zink] |
| manganèse (m) | **mangan** (n) | [man'gan] |

| mercure (m) | **mercur** (n) | [mer'kur] |
| plomb (m) | **plumb** (n) | [plumb] |

minéral (m)	**mineral** (n)	[mine'ral]
cristal (m)	**cristal** (n)	[kris'tal]
marbre (m)	**marmură** (f)	['marmurə]
uranium (m)	**uraniu** (n)	[u'ranju]

85. Le temps

temps (m)	**timp** (n)	[timp]
météo (f)	**prognoză** (f) **meteo**	[prog'nozə 'meteo]
température (f)	**temperatură** (f)	[tempera'turə]
thermomètre (m)	**termometru** (n)	[termo'metru]
baromètre (m)	**barometru** (n)	[baro'metru]
humidité (f)	**umiditate** (f)	[umidi'tate]
chaleur (f) (canicule)	**caniculă** (f)	[ka'nikulə]
torride (adj)	**fierbinte**	[fier'binte]
il fait très chaud	**e foarte cald**	[e fo'arte kald]
il fait chaud	**e cald**	[e kald]
chaud (modérément)	**cald**	[kald]
il fait froid	**e frig**	[e frig]
froid (adj)	**rece**	['reʧe]
soleil (m)	**soare** (n)	[so'are]
briller (soleil)	**a străluci**	[a strəlu'ʧi]
ensoleillé (jour ~)	**însorit**	[inso'rit]
se lever (vp)	**a răsări**	[a rəsə'ri]
se coucher (vp)	**a apune**	[a a'pune]
nuage (m)	**nor** (m)	[nor]
nuageux (adj)	**înnorat**	[inno'rat]
nuée (f)	**nor** (m)	[nor]
sombre (adj)	**mohorât**	[moho'rit]
pluie (f)	**ploaie** (f)	[plo'ae]
il pleut	**plouă**	['plowə]
pluvieux (adj)	**ploios**	[plo'jos]
bruiner (v imp)	**a bura**	[a bu'ra]
pluie (f) torrentielle	**ploaie** (f) **torenţială**	[plo'ae toren'tsjalə]
averse (f)	**rupere** (f) **de nori**	['rupere de 'norʲ]
forte (la pluie ~)	**puternic**	[pu'ternik]
flaque (f)	**băltoacă** (f)	[bəlto'akə]
se faire mouiller	**a se uda**	[a se u'da]
brouillard (m)	**ceaţă** (f)	['ʧatsə]
brumeux (adj)	**ceţos**	[ʧe'tsos]
neige (f)	**zăpadă** (f)	[zə'padə]
il neige	**ninge**	['nindʒe]

86. Les intempéries. Les catastrophes naturelles

orage (m)	**furtună** (f)	[fur'tunə]
éclair (m)	**fulger** (n)	['fuldʒer]

éclater (foudre)	**a fulgera**	[a fuldʒe'ra]
tonnerre (m)	**tunet** (n)	['tunet]
gronder (tonnerre)	**a tuna**	[a tu'na]
le tonnerre gronde	**tună**	['tunə]
grêle (f)	**grindină** (f)	[grin'dinə]
il grêle	**plouă cu gheață**	['plowə ku 'gʲatsə]
inonder (vt)	**a inunda**	[a inun'da]
inondation (f)	**inundație** (f)	[inun'datsie]
tremblement (m) de terre	**cutremur** (n)	[ku'tremur]
secousse (f)	**zguduire** (f)	[zgudu'ire]
épicentre (m)	**epicentru** (m)	[epi'tʃentru]
éruption (f)	**erupție** (f)	[e'ruptsie]
lave (f)	**lavă** (f)	['lavə]
tourbillon (m)	**vârtej** (n)	[vɨr'teʒ]
tornade (f)	**tornadă** (f)	[tor'nadə]
typhon (m)	**taifun** (n)	[taj'fun]
ouragan (m)	**uragan** (m)	[ura'gan]
tempête (f)	**furtună** (f)	[fur'tunə]
tsunami (m)	**tsunami** (n)	[tsu'nami]
cyclone (m)	**ciclon** (m)	[tʃi'klon]
intempéries (f pl)	**vreme** (f) **rea**	['vreme rʲa]
incendie (m)	**incendiu** (n)	[in'tʃendju]
catastrophe (f)	**catastrofă** (f)	[katas'trofə]
météorite (m)	**meteorit** (m)	[meteo'rit]
avalanche (f)	**avalanşă** (f)	[ava'lanʃə]
éboulement (m)	**prăbuşire** (f)	[prəbu'ʃire]
blizzard (m)	**viscol** (n)	['viskol]
tempête (f) de neige	**viscol** (n)	['viskol]

T&P BOOKS

LA FAUNE

T&P Books Publishing

87. Les mammifères. Les prédateurs

prédateur (m)	**prădător** (n)	[prədə'tor]
tigre (m)	**tigru** (m)	['tigru]
lion (m)	**leu** (m)	['leu]
loup (m)	**lup** (m)	[lup]
renard (m)	**vulpe** (f)	['vulpe]
jaguar (m)	**jaguar** (m)	[ʒagu'ar]
léopard (m)	**leopard** (m)	[leo'pard]
guépard (m)	**ghepard** (m)	[ge'pard]
panthère (f)	**panteră** (f)	[pan'terə]
puma (m)	**pumă** (f)	['pumə]
léopard (m) de neiges	**ghepard** (m)	[ge'pard]
lynx (m)	**râs** (m)	[ris]
coyote (m)	**coiot** (m)	[ko'jot]
chacal (m)	**şacal** (m)	[ʃa'kal]
hyène (f)	**hienă** (f)	[hi'enə]

88. Les animaux sauvages

animal (m)	**animal** (n)	[ani'mal]
bête (f)	**animal** (n) **sălbatic**	[ani'mal səl'batik]
écureuil (m)	**veveriţă** (f)	[veve'ritsə]
hérisson (m)	**arici** (m)	[a'ritʃi]
lièvre (m)	**iepure** (m)	['jepure]
lapin (m)	**iepure** (m) **de casă**	['jepure de 'kasə]
blaireau (m)	**bursuc** (m)	[bur'suk]
raton (m)	**enot** (m)	[e'not]
hamster (m)	**hârciog** (m)	[hir'tʃiog]
marmotte (f)	**marmotă** (f)	[mar'motə]
taupe (f)	**cârtiţă** (f)	['kirtitsə]
souris (f)	**şoarece** (m)	[ʃo'aretʃe]
rat (m)	**şobolan** (m)	[ʃobo'lan]
chauve-souris (f)	**liliac** (m)	[lili'ak]
hermine (f)	**hermină** (f)	[her'minə]
zibeline (f)	**samur** (m)	[sa'mur]
martre (f)	**jder** (m)	[ʒder]

belette (f)	**nevăstuică** (f)	[neves'tujke]
vison (m)	**nurcă** (f)	['nurke]
castor (m)	**castor** (m)	['kastor]
loutre (f)	**vidră** (f)	['vidre]
cheval (m)	**cal** (m)	[kal]
élan (m)	**elan** (m)	[e'lan]
cerf (m)	**cerb** (m)	[tʃerb]
chameau (m)	**cămilă** (f)	[ke'mile]
bison (m)	**bizon** (m)	[bi'zon]
aurochs (m)	**zimbru** (m)	['zimbru]
buffle (m)	**bivol** (m)	['bivol]
zèbre (m)	**zebră** (f)	['zebre]
antilope (f)	**antilopă** (f)	[anti'lope]
chevreuil (m)	**căprioară** (f)	[keprio'are]
biche (f)	**ciută** (f)	['tʃiute]
chamois (m)	**capră** (f) **neagră**	['kapre 'nʲagre]
sanglier (m)	**mistreț** (m)	[mis'trets]
baleine (f)	**balenă** (f)	[ba'lene]
phoque (m)	**focă** (f)	['foke]
morse (m)	**morsă** (f)	['morse]
ours (m) de mer	**urs** (m) **de mare**	[urs de 'mare]
dauphin (m)	**delfin** (m)	[del'fin]
ours (m)	**urs** (m)	[urs]
ours (m) blanc	**urs** (m) **polar**	[urs po'lar]
panda (m)	**panda** (m)	['panda]
singe (m)	**maimuță** (f)	[maj'mutse]
chimpanzé (m)	**cimpanzeu** (m)	[tʃimpan'zeu]
orang-outang (m)	**urangutan** (m)	[urangu'tan]
gorille (m)	**gorilă** (f)	[go'rile]
macaque (m)	**macac** (m)	[ma'kak]
gibbon (m)	**gibon** (m)	[dʒi'bon]
éléphant (m)	**elefant** (m)	[ele'fant]
rhinocéros (m)	**rinocer** (m)	[rino'tʃer]
girafe (f)	**girafă** (f)	[dʒi'rafe]
hippopotame (m)	**hipopotam** (m)	[hipopo'tam]
kangourou (m)	**cangur** (m)	['kangur]
koala (m)	**koala** (f)	[ko'ala]
mangouste (f)	**mangustă** (f)	[man'guste]
chinchilla (m)	**şinşilă** (f)	[ʃin'ʃile]
mouffette (f)	**sconcs** (m)	[skonks]
porc-épic (m)	**porc** (m) **spinos**	[pork spi'nos]

89. Les animaux domestiques

chat (m) (femelle)	**pisică** (f)	[pi'sikə]
chat (m) (mâle)	**motan** (m)	[mo'tan]
cheval (m)	**cal** (m)	[kal]
étalon (m)	**armăsar** (m)	[armə'sar]
jument (f)	**iapă** (f)	['japə]
vache (f)	**vacă** (f)	['vakə]
taureau (m)	**taur** (m)	['taur]
bœuf (m)	**bou** (m)	['bou]
brebis (f)	**oaie** (f)	[o'ae]
mouton (m)	**berbec** (m)	[ber'bek]
chèvre (f)	**capră** (f)	['kaprə]
bouc (m)	**ţap** (m)	[tsap]
âne (m)	**măgar** (m)	[mə'gar]
mulet (m)	**catâr** (m)	[ka'tir]
cochon (m)	**porc** (m)	[pork]
pourceau (m)	**purcel** (m)	[pur'tʃel]
lapin (m)	**iepure** (m) **de casă**	['jepure de 'kasə]
poule (f)	**găină** (f)	[gə'inə]
coq (m)	**cocoş** (m)	[ko'koʃ]
canard (m)	**raţă** (f)	['ratsə]
canard (m) mâle	**răţoi** (m)	[rə'tsoj]
oie (f)	**gâscă** (f)	['giskə]
dindon (m)	**curcan** (m)	[kur'kan]
dinde (f)	**curcă** (f)	['kurkə]
animaux (m pl) domestiques	**animale** (n pl) **domestice**	[ani'male do'mestitʃe]
apprivoisé (adj)	**domestic**	[do'mestik]
apprivoiser (vt)	**a domestici**	[a domesti'tʃi]
élever (vt)	**a creşte**	[a 'kreʃte]
ferme (f)	**fermă** (f)	['fermə]
volaille (f)	**păsări** (f pl) **de curte**	[pəsərʲ de 'kurte]
bétail (m)	**vite** (f pl)	['vite]
troupeau (m)	**turmă** (f)	['turmə]
écurie (f)	**grajd** (n)	[graʒd]
porcherie (f)	**cocină** (f) **de porci**	[ko'tʃinə de 'portʃi]
vacherie (f)	**grajd** (n) **pentru vaci**	['graʒd 'pentru 'vatʃi]
cabane (f) à lapins	**cuşcă** (f) **pentru iepuri**	['kuʃkə 'pentru 'epurʲ]
poulailler (m)	**coteţ** (n) **de găini**	[ko'tets de gə'inʲ]

90. Les oiseaux

oiseau (m)	pasăre (f)	['pasəre]
pigeon (m)	porumbel (m)	[porum'bel]
moineau (m)	vrabie (f)	['vrabie]
mésange (f)	pițigoi (m)	[piʦi'goj]
pie (f)	coțofană (f)	[koʦo'fanə]

corbeau (m)	corb (m)	[korb]
corneille (f)	cioară (f)	[ʧio'arə]
choucas (m)	stancă (f)	['stankə]
freux (m)	cioară (f) de câmp	[ʧio'arə de 'kimp]

canard (m)	rață (f)	['raʦə]
oie (f)	gâscă (f)	['giskə]
faisan (m)	fazan (m)	[fa'zan]

aigle (m)	acvilă (f)	['akvilə]
épervier (m)	uliu (m)	['ulju]
faucon (m)	şoim (m)	[ʃojm]
vautour (m)	vultur (m)	['vultur]
condor (m)	condor (m)	[kon'dor]

cygne (m)	lebădă (f)	['lebədə]
grue (f)	cocor (m)	[ko'kor]
cigogne (f)	cocostârc (m)	[kokos'tirk]

perroquet (m)	papagal (m)	[papa'gal]
colibri (m)	pasărea (f) colibri	['pasərʲa ko'libri]
paon (m)	păun (m)	[pə'un]

autruche (f)	struț (m)	[struʦ]
héron (m)	stârc (m)	[stirk]
flamant (m)	flamingo (m)	[fla'mingo]
pélican (m)	pelican (m)	[peli'kan]

rossignol (m)	privighetoare (f)	[privigeto'are]
hirondelle (f)	rândunică (f)	[rindu'nikə]

merle (m)	mierlă (f)	['merlə]
grive (f)	sturz-cântător (m)	[sturz kintə'tor]
merle (m) noir	mierlă (f) sură	['merlə 'surə]

martinet (m)	lăstun (m)	[ləs'tun]
alouette (f) des champs	ciocârlie (f)	[ʧiokir'lie]
caille (f)	prepeliță (f)	[prepe'liʦə]

pivert (m)	ciocănitoare (f)	[ʧiokənito'are]
coucou (m)	cuc (m)	[kuk]
chouette (f)	bufniță (f)	['bufniʦə]
hibou (m)	buha mare (f)	['buhə 'mare]

tétras (m)	cocoş (m) de munte	[ko'koʃ de 'munte]
tétras-lyre (m)	cocoş (m) sălbatic	[ko'koʃ səlba'tik]
perdrix (f)	potârniche (f)	[potɨr'nike]

étourneau (m)	graur (m)	['graur]
canari (m)	canar (m)	[ka'nar]
gélinotte (f) des bois	găinuşă de alun (f)	[gəi'nuʃə de a'lun]
pinson (m)	cinteză (f)	[tʃin'tezə]
bouvreuil (m)	botgros (m)	[bot'gros]

mouette (f)	pescăruş (m)	[peskə'ruʃ]
albatros (m)	albatros (m)	[alba'tros]
pingouin (m)	pinguin (m)	[pigu'in]

91. Les poissons. Les animaux marins

brème (f)	plătică (f)	[plə'tikə]
carpe (f)	crap (m)	[krap]
perche (f)	biban (m)	[bi'ban]
silure (m)	somn (m)	[somn]
brochet (m)	ştiucă (f)	['ʃtjukə]

| saumon (m) | somon (m) | [so'mon] |
| esturgeon (m) | nisetru (m) | [ni'setru] |

hareng (m)	scrumbie (f)	[skrum'bie]
saumon (m) atlantique	somon (m)	[so'mon]
maquereau (m)	macrou (n)	[ma'krou]
flet (m)	cambulă (f)	[kam'bulə]

sandre (f)	şalău (m)	[ʃa'ləu]
morue (f)	batog (m)	[ba'tog]
thon (m)	ton (m)	[ton]
truite (f)	păstrăv (m)	[pəs'trəv]

anguille (f)	ţipar (m)	[tsi'par]
torpille (f)	peşte-torpilă (m)	['peʃte tor'pilə]
murène (f)	murenă (f)	[mu'renə]
piranha (m)	piranha (f)	[pi'ranija]

requin (m)	rechin (m)	[re'kin]
dauphin (m)	delfin (m)	[del'fin]
baleine (f)	balenă (f)	[ba'lenə]

crabe (m)	crab (m)	[krab]
méduse (f)	meduză (f)	[me'duzə]
pieuvre (f), poulpe (m)	caracatiţă (f)	[kara'katitsə]

| étoile (f) de mer | stea de mare (f) | [stʲa de 'mare] |
| oursin (m) | arici de mare (m) | [a'ritʃi de 'mare] |

hippocampe (m)	căluț (m) de mare (f)	[ka'luts de 'mare]
huître (f)	stridie (f)	['stridie]
crevette (f)	crevetă (f)	[kre'vetə]
homard (m)	stacoj (m)	[sta'koʒ]
langoustine (f)	langustă (f)	[lan'gustə]

92. Les amphibiens. Les reptiles

| serpent (m) | şarpe (m) | ['ʃarpe] |
| venimeux (adj) | veninos | [veni'nos] |

vipère (f)	viperă (f)	['viperə]
cobra (m)	cobră (f)	['kobrə]
python (m)	piton (m)	[pi'ton]
boa (m)	şarpe (m) boa	['ʃarpe bo'a]

couleuvre (f)	şarpe (m) de casă	['ʃarpe de 'kasə]
serpent (m) à sonnettes	şarpe (m) cu clopoței	['ʃarpe ku klopo'tsej]
anaconda (m)	anacondă (f)	[ana'kondə]

lézard (m)	şopârlă (f)	[ʃo'pɨrlə]
iguane (m)	iguană (f)	[igu'anə]
varan (m)	şopârlă (f)	[ʃo'pɨrlə]
salamandre (f)	salamandră (f)	[sala'mandrə]
caméléon (m)	cameleon (m)	[kamele'on]
scorpion (m)	scorpion (m)	[skorpi'on]

tortue (f)	broască (f) țestoasă	[bro'askə tsesto'asə]
grenouille (f)	broască (f)	[bro'askə]
crapaud (m)	broască (f) râioasă	[bro'askə rɨjo'asə]
crocodile (m)	crocodil (m)	[kroko'dil]

93. Les insectes

insecte (m)	insectă (f)	[in'sektə]
papillon (m)	fluture (m)	['fluture]
fourmi (f)	furnică (f)	[fur'nikə]
mouche (f)	muscă (f)	['muskə]
moustique (m)	țânțar (m)	[tsɨn'tsar]
scarabée (m)	gândac (m)	[gɨn'dak]

guêpe (f)	viespe (f)	['vespe]
abeille (f)	albină (f)	[al'binə]
bourdon (m)	bondar (m)	[bon'dar]
œstre (m)	tăun (m)	[tə'un]

| araignée (f) | păianjen (m) | [pə'janʒen] |
| toile (f) d'araignée | pânză (f) de păianjen | ['pɨnzə de pə'janʒen] |

libellule (f)	**libelulă** (f)	[libe'lulə]
sauterelle (f)	**greier** (m)	['greer]
papillon (m)	**fluture** (m)	['fluture]
cafard (m)	**gândac** (m)	[gɨn'dak]
tique (f)	**căpuşă** (f)	[kə'puʃə]
puce (f)	**purice** (m)	['puritʃe]
moucheron (m)	**musculiță** (f)	[musku'litsə]
criquet (m)	**lăcustă** (f)	[lə'kustə]
escargot (m)	**melc** (m)	[melk]
grillon (m)	**greier** (m)	['greer]
luciole (f)	**licurici** (m)	[liku'ritʃi]
coccinelle (f)	**buburuză** (f)	[bubu'ruzə]
hanneton (m)	**cărăbuş** (m)	[kərə'buʃ]
sangsue (f)	**lipitoare** (f)	[lipito'are]
chenille (f)	**omidă** (f)	[o'midə]
ver (m)	**vierme** (m)	['verme]
larve (f)	**larvă** (f)	['larvə]

LA FLORE

T&P Books Publishing

arbre (m)	**copac** (m)	[ko'pak]
à feuilles caduques	**foios**	[fo'jos]
conifère (adj)	**conifer**	[koni'fere]
à feuilles persistantes	**veşnic verde**	['veʃnik 'verde]
pommier (m)	**măr** (m)	[mər]
poirier (m)	**păr** (m)	[pər]
merisier (m)	**cireş** (m)	[tʃi'reʃ]
cerisier (m)	**vişin** (m)	['viʃin]
prunier (m)	**prun** (m)	[prun]
bouleau (m)	**mesteacăn** (m)	[mes'tʲakən]
chêne (m)	**stejar** (m)	[ste'ʒar]
tilleul (m)	**tei** (m)	[tej]
tremble (m)	**plop tremurător** (m)	['plop tremurə'tor]
érable (m)	**arţar** (m)	[ar'tsar]
épicéa (m)	**brad** (m)	[brad]
pin (m)	**pin** (m)	[pin]
mélèze (m)	**zadă** (f)	['zadə]
sapin (m)	**brad** (m) **alb**	['brad 'alb]
cèdre (m)	**cedru** (m)	['tʃedru]
peuplier (m)	**plop** (m)	[plop]
sorbier (m)	**sorb** (m)	[sorb]
saule (m)	**salcie** (f)	['saltʃie]
aune (m)	**arin** (m)	[a'rin]
hêtre (m)	**fag** (m)	[fag]
orme (m)	**ulm** (m)	[ulm]
frêne (m)	**frasin** (m)	['frasin]
marronnier (m)	**castan** (m)	[kas'tan]
magnolia (m)	**magnolie** (f)	[mag'nolie]
palmier (m)	**palmier** (m)	[palmi'er]
cyprès (m)	**chiparos** (m)	[kipa'ros]
palétuvier (m)	**manglier** (m)	[mangli'jer]
baobab (m)	**baobab** (m)	[bao'bab]
eucalyptus (m)	**eucalipt** (m)	[euka'lipt]
séquoia (m)	**secvoia** (m)	[sek'voja]

95. Les arbustes

buisson (m)	**tufă** (f)	['tufə]
arbrisseau (m)	**arbust** (m)	[ar'bust]
vigne (f)	**viţă** (f) **de vie**	['viţsə de 'vie]
vigne (f) (vignoble)	**vie** (f)	['vie]
framboise (f)	**zmeură** (f)	['zmeurə]
groseille (f) rouge	**coacăz** (m) **roşu**	[ko'akəz 'roʃu]
groseille (f) verte	**agriş** (m)	[a'griʃ]
acacia (m)	**salcâm** (m)	[sal'kɨm]
berbéris (m)	**lemn** (m) **galben**	['lemn 'galben]
jasmin (m)	**iasomie** (f)	[jaso'mie]
genévrier (m)	**ienupăr** (m)	[je'nupər]
rosier (m)	**tufă** (f) **de trandafir**	['tufə de tranda'fir]
églantier (m)	**măceş** (m)	[mə'ţʃeʃ]

96. Les fruits. Les baies

pomme (f)	**măr** (n)	[mər]
poire (f)	**pară** (f)	['parə]
prune (f)	**prună** (f)	['prunə]
fraise (f)	**căpşună** (f)	[kəp'ʃunə]
cerise (f)	**vişină** (f)	['viʃinə]
merise (f)	**cireaşă** (f)	[ţʃi'rʲaʃə]
raisin (m)	**struguri** (m pl)	['strugurʲ]
framboise (f)	**zmeură** (f)	['zmeurə]
cassis (m)	**coacăză** (f) **neagră**	[ko'akəzə 'nʲagrə]
groseille (f) rouge	**coacăză** (f) **roşie**	[ko'akəzə 'roʃie]
groseille (f) verte	**agrişă** (f)	[a'griʃə]
canneberge (f)	**răchiţele** (f pl)	[rəki'ţsele]
orange (f)	**portocală** (f)	[porto'kalə]
mandarine (f)	**mandarină** (f)	[manda'rinə]
ananas (m)	**ananas** (m)	[ana'nas]
banane (f)	**banană** (f)	[ba'nanə]
datte (f)	**curmală** (f)	[kur'malə]
citron (m)	**lămâie** (f)	[lə'mie]
abricot (m)	**caisă** (f)	[ka'isə]
pêche (f)	**piersică** (f)	['pjersikə]
kiwi (m)	**kiwi** (n)	['kivi]
pamplemousse (m)	**grepfrut** (n)	['grepfrut]
baie (f)	**boabă** (f)	[bo'abə]

baies (f pl)	fructe (n pl) de pădure	['frukte de pə'dure]
airelle (f) rouge	merişor (m)	[meri'ʃor]
fraise (f) des bois	frag (m)	[frag]
myrtille (f)	afină (f)	[a'finə]

97. Les fleurs. Les plantes

fleur (f)	floare (f)	[flo'are]
bouquet (m)	buchet (n)	[bu'ket]
rose (f)	trandafir (m)	[tranda'fir]
tulipe (f)	lalea (f)	[la'lʲa]
oeillet (m)	garoafă (f)	[garo'afə]
glaïeul (m)	gladiolă (f)	[gladi'olə]
bleuet (m)	albăstrea (f)	[albəs'trʲa]
campanule (f)	clopoţel (m)	[klopo'tsel]
dent-de-lion (f)	păpădie (f)	[pəpə'die]
marguerite (f)	romaniţă (f)	[roma'nitsə]
aloès (m)	aloe (f)	[a'loe]
cactus (m)	cactus (m)	['kaktus]
ficus (m)	ficus (m)	['fikus]
lis (m)	crin (m)	[krin]
géranium (m)	muşcată (f)	[muʃ'katə]
jacinthe (f)	zambilă (f)	[zam'bilə]
mimosa (m)	mimoză (f)	[mi'mozə]
jonquille (f)	narcisă (f)	[nar'tʃisə]
capucine (f)	condurul-doamnei (m)	[kon'durul do'amnej]
orchidée (f)	orhidee (f)	[orhi'dee]
pivoine (f)	bujor (m)	[bu'ʒor]
violette (f)	toporaş (m)	[topo'raʃ]
pensée (f)	pansele (f)	[pan'sele]
myosotis (m)	nu-mă-uita (f)	[nu mə uj'ta]
pâquerette (f)	margaretă (f)	[marga'retə]
coquelicot (m)	mac (m)	[mak]
chanvre (m)	cânepă (f)	['kinepə]
menthe (f)	mentă (f)	['mentə]
muguet (m)	lăcrămioară (f)	[ləkrəmjo'arə]
perce-neige (f)	ghiocel (m)	[gio'tʃel]
ortie (f)	urzică (f)	[ur'zikə]
oseille (f)	măcriş (m)	[mə'kriʃ]
nénuphar (m)	nufăr (m)	['nufər]

| fougère (f) | ferigă (f) | ['ferigə] |
| lichen (m) | lichen (m) | [li'ken] |

serre (f) tropicale	seră (f)	['serə]
gazon (m)	gazon (n)	[ga'zon]
parterre (m) de fleurs	strat (n) de flori	[strat de 'flori]

plante (f)	plantă (f)	['plantə]
herbe (f)	iarbă (f)	['jarbə]
brin (m) d'herbe	fir (n) de iarbă	[fir de 'jarbə]

feuille (f)	frunză (f)	['frunzə]
pétale (m)	petală (f)	[pe'talə]
tige (f)	tulpină (f)	[tul'pinə]
tubercule (m)	tubercul (m)	[tu'berkul]

| pousse (f) | mugur (m) | ['mugur] |
| épine (f) | ghimpe (m) | ['gimpe] |

fleurir (vi)	a înflori	[a înflo'ri]
se faner (vp)	a se ofili	[a se ofe'li]
odeur (f)	miros (n)	[mi'ros]
couper (vt)	a tăia	[a tə'ja]
cueillir (fleurs)	a rupe	[a 'rupe]

98. Les céréales

grains (m pl)	grăunțe (n pl)	[grə'untse]
céréales (f pl) (plantes)	cereale (f pl)	[tʃere'ale]
épi (m)	spic (n)	[spik]

blé (m)	grâu (n)	['griu]
seigle (m)	secară (f)	[se'karə]
avoine (f)	ovăz (n)	[ovəz]
millet (m)	mei (m)	[mej]
orge (f)	orz (n)	[orz]

maïs (m)	porumb (m)	[po'rumb]
riz (m)	orez (n)	[o'rez]
sarrasin (m)	hrișcă (f)	['hriʃkə]

pois (m)	mazăre (f)	['mazəre]
haricot (m)	fasole (f)	[fa'sole]
soja (m)	soia (f)	['soja]
lentille (f)	linte (n)	['linte]
fèves (f pl)	boabe (f pl)	[bo'abe]

T&P BOOKS

LES PAYS DU MONDE

T&P Books Publishing

Afghanistan (m)	**Afganistan** (n)	[afganis'tan]
Albanie (f)	**Albania** (f)	[al'banija]
Allemagne (f)	**Germania** (f)	[dʒer'manija]
Angleterre (f)	**Anglia** (f)	['anglija]
Arabie (f) Saoudite	**Arabia** (f) **Saudită**	[a'rabia sau'ditə]
Argentine (f)	**Argentina** (f)	[arʒen'tina]
Arménie (f)	**Armenia** (f)	[ar'menia]
Australie (f)	**Australia** (f)	[au'stralia]
Autriche (f)	**Austria** (f)	[a'ustrija]
Azerbaïdjan (m)	**Azerbaidjan** (m)	[azerbaj'dʒan]
Bahamas (f pl)	**Insulele** (f pl) **Bahamas**	['insulele ba'hamas]
Bangladesh (m)	**Bangladeş** (m)	[bangla'deʃ]
Belgique (f)	**Belgia** (f)	['beldʒia]
Biélorussie (f)	**Belarus** (f)	[bela'rus]
Bolivie (f)	**Bolivia** (f)	[bo'livia]
Bosnie (f)	**Bosnia şi Herţegovina** (f)	['bosnia ʃi herʦego'vina]
Brésil (m)	**Brazilia** (f)	[bra'zilia]
Bulgarie (f)	**Bulgaria** (f)	[bul'garia]
Cambodge (m)	**Cambodgia** (f)	[kam'bodʒia]
Canada (m)	**Canada** (f)	[ka'nada]
Chili (m)	**Chile** (n)	['ʧile]
Chine (f)	**China** (f)	['kina]
Chypre (m)	**Cipru** (n)	['ʧipru]
Colombie (f)	**Columbia** (f)	[ko'lumbia]
Corée (f) du Nord	**Coreea** (f) **de Nord**	[ko'rea de 'nord]
Corée (f) du Sud	**Coreea** (f) **de Sud**	[ko'rea de 'sud]
Croatie (f)	**Croaţia** (f)	[kro'aʦia]
Cuba (f)	**Cuba** (f)	['kuba]
Danemark (m)	**Danemarca** (f)	[dane'marka]
Écosse (f)	**Scoţia** (f)	['skoʦia]
Égypte (f)	**Egipt** (n)	[e'dʒipt]
Équateur (m)	**Ecuador** (m)	[ekua'dor]
Espagne (f)	**Spania** (f)	['spania]
Estonie (f)	**Estonia** (f)	[es'tonia]
Les États Unis	**Statele** (n pl) **Unite ale Americii**	['statele u'nite 'ale a'meriʧij]
Fédération (f) des Émirats Arabes Unis	**Emiratele** (n pl) **Arabe Unite**	[emi'ratele a'rabe u'nite]
Finlande (f)	**Finlanda** (f)	[fin'landa]
France (f)	**Franţa** (f)	['franʦa]

Géorgie (f)	Georgia (f)	['dʒordʒia]
Ghana (m)	Ghana (f)	['gana]
Grande-Bretagne (f)	Marea Britanie (f)	['marɪa bri'tanie]
Grèce (f)	Grecia (f)	['gretʃia]

100. Les pays du monde. Partie 2

| Haïti (m) | Haiti (n) | [ha'iti] |
| Hongrie (f) | Ungaria (f) | [un'garia] |

Inde (f)	India (f)	['india]
Indonésie (f)	Indonezia (f)	[indo'nezia]
Iran (m)	Iran (n)	[i'ran]
Iraq (m)	Irak (n)	[i'rak]
Irlande (f)	Irlanda (f)	[ir'landa]
Islande (f)	Islanda (f)	[is'landa]
Israël (m)	Israel (n)	[isra'el]
Italie (f)	Italia (f)	[i'talia]

Jamaïque (f)	Jamaica (f)	[ʒa'majka]
Japon (m)	Japonia (f)	[ʒa'ponia]
Jordanie (f)	Iordania (f)	[jor'dania]
Kazakhstan (m)	Kazahstan (n)	[kazah'stan]
Kenya (m)	Kenia (f)	['kenia]
Kirghizistan (m)	Kîrgîzstan (m)	[kɪrgiz'stan]
Koweït (m)	Kuweit (n)	[kuve'it]

Laos (m)	Laos (n)	['laos]
Lettonie (f)	Letonia (f)	[le'tonia]
Liban (m)	Liban (n)	[li'ban]
Libye (f)	Libia (f)	['libia]
Liechtenstein (m)	Liechtenstein (m)	[lihten'ʃtajn]
Lituanie (f)	Lituania (f)	[litu'ania]
Luxembourg (m)	Luxemburg (m)	[luksem'burg]

Macédoine (f)	Macedonia (f)	[matʃe'donia]
Madagascar (f)	Madagascar (n)	[madagas'kar]
Malaisie (f)	Malaezia (f)	[mala'ezia]
Malte (f)	Malta (f)	['malta]
Maroc (m)	Maroc (n)	[ma'rok]
Mexique (m)	Mexic (n)	['meksik]
Moldavie (f)	Moldova (f)	[mol'dova]

Monaco (m)	Monaco (m)	[mo'nako]
Mongolie (f)	Mongolia (f)	[mon'golia]
Monténégro (m)	Muntenegru (m)	[munte'negru]
Myanmar (m)	Myanmar (m)	[mjan'mar]
Namibie (f)	Namibia (f)	[na'mibia]
Népal (m)	Nepal (n)	[ne'pal]
Norvège (f)	Norvegia (f)	[nor'vedʒia]

Nouvelle Zélande (f)	**Noua Zeelandă** (f)	['nowa zee'landə]
Ouzbékistan (m)	**Uzbekistan** (n)	[uzbeki'stan]

101. Les pays du monde. Partie 3

Pakistan (m)	**Pakistan** (n)	[paki'stan]
Palestine (f)	**Palestina** (f)	[pales'tina]
Panamá (m)	**Panama** (f)	[pana'ma]
Paraguay (m)	**Paraguay** (n)	[paragu'aj]
Pays-Bas (m)	**Țările de Jos** (f pl)	['tsərile de ʒos]
Pérou (m)	**Peru** (n)	['peru]
Pologne (f)	**Polonia** (f)	[po'lonia]
Polynésie (f) Française	**Polinezia** (f)	[poli'nezia]
Portugal (m)	**Portugalia** (f)	[portu'galia]
République (f) Dominicaine	**Republica** (f) **Dominicană**	[re'publika domini'kanə]
République (f) Sud-africaine	**Africa de Sud** (f)	['afrika de sud]
République (f) Tchèque	**Cehia** (f)	['tʃehija]
Roumanie (f)	**România** (f)	[romɨnia]
Russie (f)	**Rusia** (f)	['rusia]
Sénégal (m)	**Senegal** (n)	[sene'gal]
Serbie (f)	**Serbia** (f)	['serbija]
Slovaquie (f)	**Slovacia** (f)	[slo'vatʃia]
Slovénie (f)	**Slovenia** (f)	[slo'venia]
Suède (f)	**Suedia** (f)	[su'edia]
Suisse (f)	**Elveția** (f)	[el'vetsia]
Surinam (m)	**Surinam** (n)	[suri'nam]
Syrie (f)	**Siria** (f)	['sirija]
Tadjikistan (m)	**Tadjikistan** (m)	[tadʒiki'stan]
Taïwan (m)	**Taiwan** (m)	[taj'van]
Tanzanie (f)	**Tanzania** (f)	[tan'zania]
Tasmanie (f)	**Tasmania** (f)	[tas'mania]
Thaïlande (f)	**Thailanda** (f)	[taj'landa]
Tunisie (f)	**Tunisia** (f)	[tu'nisia]
Turkménistan (m)	**Turkmenistan** (n)	[turkmeni'stan]
Turquie (f)	**Turcia** (f)	['turtʃia]
Ukraine (f)	**Ucraina** (f)	[ukra'ina]
Uruguay (m)	**Uruguay** (n)	[urugu'aj]
Vatican (m)	**Vatican** (m)	[vati'kan]
Venezuela (f)	**Venezuela** (f)	[venezu'ela]
Vietnam (m)	**Vietnam** (n)	[viet'nam]
Zanzibar (m)	**Zanzibar** (n)	[zanzi'bar]

GLOSSAIRE GASTRONOMIQUE

Cette section contient
beaucoup de mots associés
à la nourriture. Ce dictionnaire
vous facilitera la tâche
de comprendre le menu
et de commander le bon plat
au restaurant

T&P Books Publishing

Français-Roumain glossaire gastronomique

épi (m)	**spic** (n)	[spik]
épice (f)	**condiment** (n)	[kondi'ment]
épinard (m)	**spanac** (n)	[spa'nak]
œuf (m)	**ou** (n)	['ow]
abricot (m)	**caisă** (f)	[ka'isə]
addition (f)	**notă** (f) **de plată**	['notə de 'platə]
ail (m)	**usturoi** (m)	[ustu'roj]
airelle (f) rouge	**merişor** (m)	[meri'ʃor]
amande (f)	**migdală** (f)	[mig'dalə]
amanite (f) tue-mouches	**burete** (m) **pestriţ**	[bu'rete pes'triʦ]
amer (adj)	**amar**	[a'mar]
ananas (m)	**ananas** (m)	[ana'nas]
anguille (f)	**ţipar** (m)	[ʦi'par]
anis (m)	**anason** (m)	[ana'son]
apéritif (m)	**aperitiv** (n)	[aperi'tiv]
appétit (m)	**poftă** (f) **de mâncare**	['poftə de mɨ'nkare]
arrière-goût (m)	**aromă** (f)	[a'romə]
artichaut (m)	**anghinare** (f)	[angi'nare]
asperge (f)	**sparanghel** (m)	[sparan'gel]
assiette (f)	**farfurie** (f)	[farfu'rie]
aubergine (f)	**pătlăgea** (f) **vânătă**	[pətlə'dʒʲa 'vinətə]
avec de la glace	**cu gheaţă**	[ku 'gʲaʦə]
avocat (m)	**avocado** (n)	[avo'kado]
avoine (f)	**ovăz** (n)	[o'vəz]
bacon (m)	**costiţă** (f) **afumată**	[kos'tiʦə afu'matə]
baie (f)	**boabă** (f)	[bo'abə]
baies (f pl)	**fructe** (n pl) **de pădure**	['frukte de pə'dure]
banane (f)	**banană** (f)	[ba'nanə]
bar (m)	**bar** (n)	[bar]
barman (m)	**barman** (m)	['barman]
basilic (m)	**busuioc** (n)	[busu'jok]
betterave (f)	**sfeclă** (f)	['sfeklə]
beurre (m)	**unt** (n)	['unt]
bière (f)	**bere** (f)	['bere]
bière (f) blonde	**bere** (f) **blondă**	['bere 'blondə]
bière (f) brune	**bere** (f) **brună**	['bere 'brunə]
biscuit (m)	**biscuit** (m)	[bisku'it]
blé (m)	**grâu** (n)	['griu]
blanc (m) d'œuf	**albuş** (n)	[al'buʃ]
boisson (f) non alcoolisée	**băutură** (f) **fără alcool**	[bəu'turə fərə alko'ol]
boissons (f pl) alcoolisées	**băuturi** (f pl) **alcoolice**	[bəu'turʲ alko'oliʧe]
bolet (m) bai	**pitarcă** (f)	[pi'tarkə]

bolet (m) orangé	**pitărcuţă** (f)	[pitər'kutsə]
bon (adj)	**gustos**	[gus'tos]
Bon appétit!	**Poftă bună!**	['pofte 'bune]
bonbon (m)	**bomboană** (f)	[bombo'ane]
bouillie (f)	**caşă** (f)	['kaʃə]
bouillon (m)	**supă** (f) **de carne**	['supe de 'karne]
brème (f)	**plătică** (f)	[plə'tike]
brochet (m)	**ştiucă** (f)	['ʃtjuke]
brocoli (m)	**broccoli** (m)	['brokoli]
cèpe (m)	**hrib** (m)	[hrib]
céleri (m)	**ţelină** (f)	['tseline]
céréales (f pl)	**cereale** (f pl)	[tʃere'ale]
cacahuète (f)	**arahidă** (f)	[ara'hide]
café (m)	**cafea** (f)	[ka'fʲa]
café (m) au lait	**cafea** (f) **cu lapte**	[ka'fʲa ku 'lapte]
café (m) noir	**cafea** (f) **neagră**	[ka'fʲa 'nʲagre]
café (m) soluble	**cafea** (f) **solubilă**	[ka'fʲa so'lubile]
calamar (m)	**calmar** (m)	[kal'mar]
calorie (f)	**calorie** (f)	[kalo'rie]
canard (m)	**carne** (f) **de raţă**	['karne de 'ratse]
canneberge (f)	**răchiţele** (f pl)	[rəki'tsele]
cannelle (f)	**scorţişoară** (f)	[skortsiʃo'are]
cappuccino (m)	**cafea** (f) **cu frişcă**	[ka'fʲa ku 'friʃke]
carotte (f)	**morcov** (m)	['morkov]
carpe (f)	**crap** (m)	[krap]
carte (f)	**meniu** (n)	[me'nju]
carte (f) des vins	**meniu** (n) **de vinuri**	[menju de 'vinurʲ]
cassis (m)	**coacăză** (f) **neagră**	[ko'akəze 'nʲagre]
caviar (m)	**icre** (f pl) **de peşte**	['ikre de 'peʃte]
cerise (f)	**vişină** (f)	['viʃine]
champagne (m)	**şampanie** (f)	[ʃam'panie]
champignon (m)	**ciupercă** (f)	[tʃiu'perke]
champignon (m) comestible	**ciupercă** (f) **comestibilă**	[tʃiu'perke komes'tibile]
champignon (m) vénéneux	**ciupercă** (f) **otrăvitoare**	[tʃiu'perke otrəvito'are]
chaud (adj)	**fierbinte**	[fier'binte]
chocolat (m)	**ciocolată** (f)	[tʃioko'late]
chou (m)	**varză** (f)	['varze]
chou (m) de Bruxelles	**varză** (f) **de Bruxelles**	['varze de bruk'sel]
chou-fleur (m)	**conopidă** (f)	[kono'pide]
citron (m)	**lămâie** (f)	[lə'mɨe]
clou (m) de girofle	**cuişoare** (f pl)	[kuiʃo'are]
cocktail (m)	**cocteil** (n)	[kok'tejl]
cocktail (m) au lait	**cocteil** (n) **din lapte**	[kok'tejl din 'lapte]
cognac (m)	**coniac** (n)	[ko'njak]
concombre (m)	**castravete** (m)	[kastra'vete]
condiment (m)	**condiment** (n)	[kondi'ment]
confiserie (f)	**produse** (n pl) **de cofetărie**	[pro'duse de kofetə'rie]
confiture (f)	**gem** (n)	[dʒem]
confiture (f)	**dulceaţă** (f)	[dul'tʃatse]

congelé (adj)	**congelat**	[kondʒe'lat]
conserves (f pl)	**conserve** (f pl)	[kon'serve]
coriandre (m)	**coriandru** (m)	[kori'andru]
courgette (f)	**dovlecel** (m)	[dovle'ʧel]
couteau (m)	**cuțit** (n)	[ku'ʦit]
crème (f)	**frişcă** (f)	['friʃkə]
crème (f) aigre	**smântână** (f)	[smin'tinə]
crème (f) au beurre	**cremă** (f)	['kremə]
crabe (m)	**crab** (m)	[krab]
crevette (f)	**crevetă** (f)	[kre'vetə]
cuillère (f)	**lingură** (f)	['lingurə]
cuillère (f) à soupe	**lingură** (f)	['lingurə]
cuisine (f)	**bucătărie** (f)	[bukətə'rie]
cuisse (f)	**pulpă** (f)	['pulpə]
cuit à l'eau (adj)	**fiert**	[fiert]
cumin (m)	**chimen** (m)	[ki'men]
cure-dent (m)	**scobitoare** (f)	[skobito'are]
déjeuner (m)	**prânz** (n)	[prinz]
dîner (m)	**cină** (f)	['ʧinə]
datte (f)	**curmală** (f)	[kur'malə]
dessert (m)	**desert** (n)	[de'sert]
dinde (f)	**carne** (f) **de curcan**	['karne de 'kurkan]
du bœuf	**carne** (f) **de vită**	['karne de 'vitə]
du mouton	**carne** (f) **de berbec**	['karne de ber'bek]
du porc	**carne** (f) **de porc**	['karne de pork]
du veau	**carne** (f) **de vițel**	['karne de vi'ʦel]
eau (f)	**apă** (f)	['apə]
eau (f) minérale	**apă** (f) **minerală**	['apə mine'ralə]
eau (f) potable	**apă** (f) **potabilă**	['apə po'tabilə]
en chocolat (adj)	**de, din ciocolată**	[de, din ʧioko'latə]
esturgeon (m)	**carne** (f) **de nisetru**	['karne de ni'setru]
fèves (f pl)	**boabe** (f pl)	[bo'abe]
farce (f)	**carne** (f) **tocată**	['karne to'katə]
farine (f)	**făină** (f)	[fə'inə]
fenouil (m)	**mărar** (m)	[mə'rar]
feuille (f) de laurier	**foi** (f) **de dafin**	[foj de 'dafin]
figue (f)	**smochină** (f)	[smo'kinə]
flétan (m)	**calcan** (m)	[kal'kan]
flet (m)	**cambulă** (f)	[kam'bulə]
foie (m)	**ficat** (m)	[fi'kat]
fourchette (f)	**furculiță** (f)	[furku'liʦə]
fraise (f)	**căpşună** (f)	[kəp'ʃunə]
fraise (f) des bois	**frag** (m)	[frag]
framboise (f)	**zmeură** (f)	['zmeurə]
frit (adj)	**prăjit**	[prə'ʒit]
froid (adj)	**rece**	['reʧe]
fromage (m)	**caşcaval** (n)	['brinzə]
fruit (m)	**fruct** (n)	[frukt]
fruits (m pl) de mer	**produse** (n pl) **marine**	[pro'duse ma'rine]
fumé (adj)	**afumat**	[afu'mat]
gâteau (m)	**prăjitură** (f)	[prəʒi'turə]
gâteau (m)	**plăcintă** (f)	[plə'ʧintə]

garniture (f)	**umplutură** (f)	[umplu'turə]
garniture (f)	**garnitură** (f)	[garni'turə]
gaufre (f)	**napolitane** (f pl)	[napoli'tane]
gazeuse (adj)	**carbogazoasă**	[karbogazo'asə]
gibier (m)	**vânat** (n)	[vɨ'nat]
gin (m)	**gin** (n)	[dʒin]
gingembre (m)	**ghimber** (m)	[gim'ber]
girolle (f)	**gălbior** (m)	[gəlbi'or]
glace (f)	**gheață** (f)	['gʲatsə]
glace (f)	**înghețată** (f)	[inge'tsatə]
glucides (m pl)	**hidrați** (m pl) **de carbon**	[hi'dratsʲ de kar'bon]
goût (m)	**gust** (n)	[gust]
gomme (f) à mâcher	**gumă** (f) **de mestecat**	['gumə de meste'kat]
grains (m pl)	**grăunțe** (n pl)	[grə'untse]
grenade (f)	**rodie** (f)	['rodie]
groseille (f) rouge	**coacăză** (f) **roșie**	[ko'akəzə 'roʃie]
groseille (f) verte	**agrișă** (f)	[a'griʃə]
gruau (m)	**crupe** (f pl)	['krupe]
hamburger (m)	**hamburger** (m)	['hamburger]
hareng (m)	**scrumbie** (f)	[skrum'bie]
haricot (m)	**fasole** (f)	[fa'sole]
hors-d'œuvre (m)	**gustare** (f)	[gus'tare]
huître (f)	**stridie** (f)	['stridie]
huile (f) d'olive	**ulei** (n) **de măsline**	[u'lej de məs'line]
huile (f) de tournesol	**ulei** (n) **de floarea-soarelui**	[u'lej de flo'arʲa so'areluj]
huile (f) végétale	**ulei** (n) **vegetal**	[u'lej vedʒe'tal]
jambon (m)	**șuncă** (f)	['ʃunkə]
jaune (m) d'œuf	**gălbenuș**	[gəlbe'nuʃ]
jus (m)	**suc** (n)	[suk]
jus (m) d'orange	**suc** (n) **de portocale**	[suk de porto'kale]
jus (m) de tomate	**suc** (n) **de roșii**	[suk de 'roʃij]
jus (m) pressé	**suc** (n) **natural**	[suk natu'ral]
kiwi (m)	**kiwi** (n)	['kivi]
légumes (m pl)	**legume** (f pl)	[le'gume]
lait (m)	**lapte** (n)	['lapte]
lait (m) condensé	**lapte** (n) **condensat**	['lapte konden'sat]
laitue (f), salade (f)	**salată** (f)	[sa'latə]
langoustine (f)	**langustă** (f)	[lan'gustə]
langue (f)	**limbă** (f)	['limbə]
lapin (m)	**carne** (f) **de iepure de casă**	['karne de 'epure de 'kasə]
lentille (f)	**linte** (n)	['linte]
les œufs	**ouă** (n pl)	['owə]
les œufs brouillés	**omletă** (f)	[om'letə]
limonade (f)	**limonadă** (f)	[limo'nadə]
lipides (m pl)	**grăsimi** (f pl)	[grə'simʲ]
liqueur (f)	**lichior** (n)	[li'kør]
mûre (f)	**mură** (f)	['murə]
maïs (m)	**porumb** (m)	[po'rumb]
maïs (m)	**porumb** (m)	[po'rumb]
mandarine (f)	**mandarină** (f)	[manda'rinə]

mangue (f)	mango (n)	['mango]
maquereau (m)	macrou (n)	[ma'krou]
margarine (f)	margarină (f)	[marga'rinə]
mariné (adj)	marinat	[mari'nat]
marmelade (f)	marmeladă (f)	[marme'ladə]
melon (m)	pepene (m) galben	['pepene 'galben]
merise (f)	cireaşă (f)	[ʧi'rʲaʃə]
miel (m)	miere (f)	['mjere]
miette (f)	firimitură (f)	[firimi'turə]
millet (m)	mei (m)	[mej]
morceau (m)	bucată (f)	[bu'katə]
morille (f)	zbârciog (m)	[zbɨr'ʧiog]
morue (f)	batog (m)	[ba'tog]
moutarde (f)	muştar (m)	[muʃ'tar]
myrtille (f)	afină (f)	[a'finə]
navet (m)	nap (m)	[nap]
noisette (f)	alună (f) de pădure	[a'lunə de pə'dure]
noix (f)	nucă (f)	['nukə]
noix (f) de coco	nucă (f) de cocos	['nukə de 'kokos]
nouilles (f pl)	tăiţei (m)	[təi'ʦej]
nourriture (f)	mâncare (f)	[mɨn'kare]
oie (f)	carne (f) de gâscă	['karne de 'ɡiskə]
oignon (m)	ceapă (f)	['ʧapə]
olives (f pl)	olive (f pl)	[o'live]
omelette (f)	omletă (f)	[om'letə]
orange (f)	portocală (f)	[porto'kalə]
orge (f)	orz (n)	[orz]
oronge (f) verte	ciupercă (f) otrăvitoare	[ʧiu'perkə otrəvito'are]
ouvre-boîte (m)	deschizător (n) de conserve	[deskizə'tor de con'serve]
ouvre-bouteille (m)	deschizător (n) de sticle	[deskizə'tor de 'stikle]
pâté (m)	pateu (n)	[pa'teu]
pâtes (m pl)	paste (f pl)	['paste]
pétales (m pl) de maïs	fulgi (m pl) de porumb	['fulʤʲ de po'rumb]
pétillante (adj)	gazoasă	[gazo'asə]
pêche (f)	piersică (f)	['pjersikə]
pain (m)	pâine (f)	['pɨne]
pamplemousse (m)	grepfrut (n)	['grepfrut]
papaye (f)	papaia (f)	[pa'paja]
paprika (m)	paprică (f)	['paprikə]
pastèque (f)	pepene (m) verde	['pepene 'verde]
peau (f)	coajă (f)	[ko'aʒə]
perche (f)	biban (m)	[bi'ban]
persil (m)	pătrunjel (m)	[pətrun'ʒel]
petit déjeuner (m)	micul dejun (n)	['mikul de'ʒun]
petite cuillère (f)	linguriţă (f) de ceai	[lingu'riʦə de ʧaj]
pistaches (f pl)	fistic (m)	['fistik]
pizza (f)	pizza (f)	['piʦa]
plat (m)	fel (n) de mâncare	[fel de mɨ'nkare]
plate (adj)	necarbogazoasă	[nekarbogazo'asə]
poire (f)	pară (f)	['parə]
pois (m)	mazăre (f)	['mazəre]

poisson (m)	peşte (m)	['peʃte]
poivre (m) noir	piper (m) negru	[pi'per 'negru]
poivre (m) rouge	piper (m) roşu	[pi'per 'roʃu]
poivron (m)	piper (m)	[pi'per]
pomme (f)	măr (n)	[mər]
pomme (f) de terre	cartof (m)	[kar'tof]
portion (f)	porţie (f)	['portsie]
potiron (m)	dovleac (m)	[dov'lʲak]
poulet (m)	carne (f) de găină	['karne de gə'inə]
pourboire (m)	bacşiş (n)	[bak'ʃiʃ]
protéines (f pl)	proteine (f pl)	[prote'ine]
prune (f)	prună (f)	['prunə]
purée (f)	piure (n) de cartofi	[pju're de kar'tofʲ]
régime (m)	dietă (f)	[di'etə]
radis (m)	ridiche (f)	[ri'dike]
rafraîchissement (m)	băutură (f) răcoritoare	[bəu'ture rəkorito'are]
raifort (m)	hrean (n)	[hrʲan]
raisin (m)	struguri (m pl)	['strugurʲ]
raisin (m) sec	stafidă (f)	[sta'fidə]
recette (f)	reţetă (f)	[re'tsetə]
requin (m)	rechin (m)	[re'kin]
rhum (m)	rom (n)	[rom]
riz (m)	orez (n)	[o'rez]
russule (f)	vineţică (f)	[vine'tsikə]
sésame (m)	susan (m)	[su'san]
safran (m)	şofran (m)	[ʃo'fran]
salé (adj)	sărat	[sə'rat]
salade (f)	salată (f)	[sa'latə]
sandre (f)	şalău (m)	[ʃa'ləu]
sandwich (m)	tartină (f)	[tar'tine]
sans alcool	fără alcool	['fərə alko'ol]
sardine (f)	sardea (f)	[sar'dʲa]
sarrasin (m)	hrişcă (f)	['hriʃkə]
sauce (f)	sos (n)	[sos]
sauce (f) mayonnaise	maioneză (f)	[majo'nezə]
saucisse (f)	crenvurşt (n)	[kren'vurʃt]
saucisson (m)	salam (n)	[sa'lam]
saumon (m)	somon (m)	[so'mon]
saumon (m) atlantique	somon (m)	[so'mon]
sec (adj)	uscat	[us'kat]
seigle (m)	secară (f)	[se'karə]
sel (m)	sare (f)	['sare]
serveur (m)	chelner (m)	['kelner]
serveuse (f)	chelneriţă (f)	[kelne'ritsə]
silure (m)	somn (m)	[somn]
soja (m)	soia (f)	['soja]
soucoupe (f)	farfurioară (f)	[farfurio'arə]
soupe (f)	supă (f)	['supə]
spaghettis (m pl)	spaghete (f pl)	[spa'gete]
steak (m)	biftec (n)	[bifʲtek]
sucré (adj)	dulce	['dultʃe]
sucre (m)	zahăr (n)	['zahər]

tarte (f)	**tort** (n)	[tort]
tasse (f)	**ceaşcă** (f)	['ʧaʃkə]
thé (m)	**ceai** (n)	[ʧaj]
thé (m) noir	**ceai** (n) **negru**	[ʧaj 'negru]
thé (m) vert	**ceai** (n) **verde**	[ʧaj 'verde]
thon (m)	**ton** (m)	[ton]
tire-bouchon (m)	**tirbuşon** (n)	[tirbu'ʃon]
tomate (f)	**roşie** (f)	['roʃie]
tranche (f)	**felie** (f)	[fe'lie]
truite (f)	**păstrăv** (m)	[pəs'trəv]
végétarien (adj)	**vegetarian**	[vedʒetari'an]
végétarien (m)	**vegetarian** (m)	[vedʒetari'an]
verdure (f)	**verdeaţă** (f)	[ver'dʲaʦə]
vermouth (m)	**vermut** (n)	[ver'mut]
verre (m)	**pahar** (n)	[pa'har]
verre (m) à vin	**cupă** (f)	['kupə]
viande (f)	**carne** (f)	['karne]
vin (m)	**vin** (n)	[vin]
vin (m) blanc	**vin** (n) **alb**	[vin alb]
vin (m) rouge	**vin** (n) **roşu**	[vin 'roʃu]
vinaigre (m)	**oţet** (n)	[o'ʦet]
vitamine (f)	**vitamină** (f)	[vita'minə]
vodka (f)	**votcă** (f)	['votkə]
whisky (m)	**whisky** (n)	['wiski]
yogourt (m)	**iaurt** (n)	[ja'urt]

Roumain-Français glossaire gastronomique

înghețată (f)	[ɨnge'tsatə]	glace (f)
şalău (m)	[ʃa'ləu]	sandre (f)
şampanie (f)	[ʃam'panie]	champagne (m)
şofran (m)	[ʃo'fran]	safran (m)
ştiucă (f)	['ʃtjukə]	brochet (m)
şuncă (f)	['ʃunkə]	jambon (m)
țelină (f)	['tselinə]	céleri (m)
țipar (m)	[tsi'par]	anguille (f)
afină (f)	[a'finə]	myrtille (f)
afumat	[afu'mat]	fumé (adj)
agrişă (f)	[a'griʃə]	groseille (f) verte
albuş (n)	[al'buʃ]	blanc (m) d'œuf
alună (f) de pădure	[a'lunə de pə'dure]	noisette (f)
amar	[a'mar]	amer (adj)
ananas (m)	[ana'nas]	ananas (m)
anason (m)	[ana'son]	anis (m)
anghinare (f)	[angi'nare]	artichaut (m)
apă (f)	['apə]	eau (f)
apă (f) minerală	['apə mine'ralə]	eau (f) minérale
apă (f) potabilă	['apə po'tabilə]	eau (f) potable
aperitiv (n)	[aperi'tiv]	apéritif (m)
arahidă (f)	[ara'hidə]	cacahuète (f)
aromă (f)	[a'romə]	arrière-goût (m)
avocado (n)	[avo'kado]	avocat (m)
băutură (f) fără alcool	[bəu'turə fərə alko'ol]	boisson (f) non alcoolisée
băutură (f) răcoritoare	[bəu'turə rəkorito'are]	rafraîchissement (m)
băuturi (f pl) alcoolice	[bəu'turi alko'olitʃe]	boissons (f pl) alcoolisées
bacşiş (n)	[bak'ʃiʃ]	pourboire (m)
banană (f)	[ba'nanə]	banane (f)
bar (n)	[bar]	bar (m)
barman (m)	['barman]	barman (m)
batog (m)	[ba'tog]	morue (f)
bere (f)	['bere]	bière (f)
bere (f) blondă	['bere 'blondə]	bière (f) blonde
bere (f) brună	['bere 'brunə]	bière (f) brune
biban (m)	[bi'ban]	perche (f)
biftec (n)	[bif'tek]	steak (m)
biscuit (m)	[bisku'it]	biscuit (m)
boabă (f)	[bo'abə]	baie (f)
boabe (f pl)	[bo'abe]	fèves (f pl)
bomboană (f)	[bombo'anə]	bonbon (m)
broccoli (m)	['brokoli]	brocoli (m)

bucătărie (f)	[bukətə'rie]	cuisine (f)
bucată (f)	[bu'katə]	morceau (m)
burete (m) pestriţ	[bu'rete pes'triʦ]	amanite (f) tue-mouches
busuioc (n)	[busu'jok]	basilic (m)
căpşună (f)	[kəp'ʃunə]	fraise (f)
caşă (f)	['kaʃə]	bouillie (f)
caşcaval (n)	['brɪnzə]	fromage (m)
cafea (f)	[ka'fʲa]	café (m)
cafea (f) cu frişcă	[ka'fʲa ku 'friʃkə]	cappuccino (m)
cafea (f) cu lapte	[ka'fʲa ku 'lapte]	café (m) au lait
cafea (f) neagră	[ka'fʲa 'nʲagrə]	café (m) noir
cafea (f) solubilă	[ka'fʲa so'lubilə]	café (m) soluble
caisă (f)	[ka'isə]	abricot (m)
calcan (m)	[kal'kan]	flétan (m)
calmar (m)	[kal'mar]	calamar (m)
calorie (f)	[kalo'rie]	calorie (f)
cambulă (f)	[kam'bulə]	flet (m)
carbogazoasă	[karbogazo'asə]	gazeuse (adj)
carne (f)	['karne]	viande (f)
carne (f) de berbec	['karne de ber'bek]	du mouton
carne (f) de curcan	['karne de 'kurkan]	dinde (f)
carne (f) de gâscă	['karne de 'giskə]	oie (f)
carne (f) de găină	['karne de gə'inə]	poulet (m)
carne (f) de iepure de casă	['karne de 'epure de 'kasə]	lapin (m)
carne (f) de nisetru	['karne de ni'setru]	esturgeon (m)
carne (f) de porc	['karne de pork]	du porc
carne (f) de raţă	['karne de 'raʦə]	canard (m)
carne (f) de viţel	['karne de vi'ʦel]	du veau
carne (f) de vită	['karne de 'vitə]	du bœuf
carne (f) tocată	['karne to'katə]	farce (f)
cartof (m)	[kar'tof]	pomme (f) de terre
castravete (m)	[kastra'vete]	concombre (m)
ceaşcă (f)	['ʧaʃkə]	tasse (f)
ceai (n)	[ʧaj]	thé (m)
ceai (n) negru	[ʧaj 'negru]	thé (m) noir
ceai (n) verde	[ʧaj 'verde]	thé (m) vert
ceapă (f)	['ʧapə]	oignon (m)
cereale (f pl)	[ʧere'ale]	céréales (f pl)
chelner (m)	['kelner]	serveur (m)
chelneriţă (f)	[kelne'riʦə]	serveuse (f)
chimen (m)	[ki'men]	cumin (m)
cină (f)	['ʧinə]	dîner (m)
ciocolată (f)	[ʧioko'latə]	chocolat (m)
cireaşă (f)	[ʧi'rʲaʃə]	merise (f)
ciupercă (f)	[ʧiu'perkə]	champignon (m)
ciupercă (f) comestibilă	[ʧiu'perkə komes'tibilə]	champignon (m) comestible
ciupercă (f) otrăvitoare	[ʧiu'perkə otrəvito'are]	champignon (m) vénéneux
ciupercă (f) otrăvitoare	[ʧiu'perkə otrəvito'are]	oronge (f) verte
coacăză (f) neagră	[ko'akəzə 'nʲagrə]	cassis (m)

coacăză (f) roşie	[ko'akəzə 'roʃie]	groseille (f) rouge
coajă (f)	[ko'aʒə]	peau (f)
cocteil (n)	[kok'tejl]	cocktail (m)
cocteil (n) din lapte	[kok'tejl din 'lapte]	cocktail (m) au lait
condiment (n)	[kondi'ment]	condiment (m)
condiment (n)	[kondi'ment]	épice (f)
congelat	[kondʒe'lat]	congelé (adj)
coniac (n)	[ko'njak]	cognac (m)
conopidă (f)	[kono'pidə]	chou-fleur (m)
conserve (f pl)	[kon'serve]	conserves (f pl)
coriandru (m)	[kori'andru]	coriandre (m)
costiţă (f) afumată	[kos'titsə afu'matə]	bacon (m)
crab (m)	[krab]	crabe (m)
crap (m)	[krap]	carpe (f)
cremă (f)	['kremə]	crème (f) au beurre
crenvurşt (n)	[kren'vurʃt]	saucisse (f)
crevetă (f)	[kre'vetə]	crevette (f)
crupe (f pl)	['krupe]	gruau (m)
cu gheaţă	[ku 'gʲatsə]	avec de la glace
cuţit (n)	[ku'tsit]	couteau (m)
cuişoare (f pl)	[kuiʃo'are]	clou (m) de girofle
cupă (f)	['kupə]	verre (m) à vin
curmală (f)	[kur'malə]	datte (f)
de, din ciocolată	[de, din tʃioko'latə]	en chocolat (adj)
deschizător (n) de conserve	[deskizə'tor de kon'serve]	ouvre-boîte (m)
deschizător (n) de sticle	[deskizə'tor de 'stikle]	ouvre-bouteille (m)
desert (n)	[de'sert]	dessert (m)
dietă (f)	[di'etə]	régime (m)
dovleac (m)	[dov'lʲak]	potiron (m)
dovlecel (m)	[dovle'tʃel]	courgette (f)
dulce	['dultʃe]	sucré (adj)
dulceaţă (f)	[dul'tʃatsə]	confiture (f)
făină (f)	[fə'inə]	farine (f)
fără alcool	['fərə alko'ol]	sans alcool
farfurie (f)	[farfu'rie]	assiette (f)
farfurioară (f)	[farfurio'arə]	soucoupe (f)
fasole (f)	[fa'sole]	haricot (m)
fel (n) de mâncare	[fel de mɨ'nkare]	plat (m)
felie (f)	[fe'lie]	tranche (f)
ficat (m)	[fi'kat]	foie (m)
fierbinte	[fier'binte]	chaud (adj)
fiert	[fiert]	cuit à l'eau (adj)
firimitură (f)	[firimi'turə]	miette (f)
fistic (m)	['fistik]	pistaches (f pl)
foi (f) de dafin	[foj de 'dafin]	feuille (f) de laurier
frag (m)	[frag]	fraise (f) des bois
frişcă (f)	['friʃkə]	crème (f)
fruct (n)	[frukt]	fruit (m)
fructe (n pl) de pădure	['frukte de pə'dure]	baies (f pl)
fulgi (m pl) de porumb	['fuldʒʲ de po'rumb]	pétales (m pl) de maïs
furculiţă (f)	[furku'litsə]	fourchette (f)

gălbenuş	[gəlbe'nuʃ]	jaune (m) d'œuf
gălbior (m)	[gəlbi'or]	girolle (f)
garnitură (f)	[garni'turə]	garniture (f)
gazoasă	[gazo'asə]	pétillante (adj)
gem (n)	[dʒem]	confiture (f)
gheaţă (f)	['gʲaʦə]	glace (f)
ghimber (m)	[gim'ber]	gingembre (m)
gin (n)	[dʒin]	gin (m)
grâu (n)	['grɨu]	blé (m)
grăsimi (f pl)	[grə'simʲ]	lipides (m pl)
grăunţe (n pl)	[grə'unʦe]	grains (m pl)
grepfrut (n)	['grepfrut]	pamplemousse (m)
gumă (f) de mestecat	['gumə de meste'kat]	gomme (f) à mâcher
gust (n)	[gust]	goût (m)
gustare (f)	[gus'tare]	hors-d'œuvre (m)
gustos	[gus'tos]	bon (adj)
hamburger (m)	['hamburger]	hamburger (m)
hidraţi (m pl) de carbon	[hi'dratsʲ de kar'bon]	glucides (m pl)
hrean (n)	[hrʲan]	raifort (m)
hrişcă (f)	['hriʃkə]	sarrasin (m)
hrib (m)	[hrib]	cèpe (m)
iaurt (n)	[ja'urt]	yogourt (m)
icre (f pl) de peşte	['ikre de 'peʃte]	caviar (m)
kiwi (n)	['kivi]	kiwi (m)
lămâie (f)	[lə'mɨe]	citron (m)
langustă (f)	[lan'gustə]	langoustine (f)
lapte (n)	['lapte]	lait (m)
lapte (n) condensat	['lapte konden'sat]	lait (m) condensé
legume (f pl)	[le'gume]	légumes (m pl)
lichior (n)	[li'kør]	liqueur (f)
limbă (f)	['limbə]	langue (f)
limonadă (f)	[limo'nadə]	limonade (f)
lingură (f)	['lingurə]	cuillère (f)
lingură (f)	['lingurə]	cuillère (f) à soupe
linguriţă (f) de ceai	[lingu'ritsə de tʃaj]	petite cuillère (f)
linte (n)	['linte]	lentille (f)
mâncare (f)	[mɨn'kare]	nourriture (f)
măr (n)	[mər]	pomme (f)
mărar (m)	[mə'rar]	fenouil (m)
macrou (n)	[ma'krou]	maquereau (m)
maioneză (f)	[majo'nezə]	sauce (f) mayonnaise
mandarină (f)	[manda'rinə]	mandarine (f)
mango (n)	['mango]	mangue (f)
margarină (f)	[marga'rinə]	margarine (f)
marinat	[mari'nat]	mariné (adj)
marmeladă (f)	[marme'ladə]	marmelade (f)
mazăre (f)	['mazəre]	pois (m)
mei (m)	[mej]	millet (m)
meniu (n)	[me'nju]	carte (f)
meniu (n) de vinuri	[menju de 'vinurʲ]	carte (f) des vins
merişor (m)	[meri'ʃor]	airelle (f) rouge
micul dejun (n)	['mikul de'ʒun]	petit déjeuner (m)

miere (f)	['mjere]	miel (m)
migdală (f)	[mig'dalə]	amande (f)
morcov (m)	['morkov]	carotte (f)
muştar (m)	[muʃ'tar]	moutarde (f)
mură (f)	['murə]	mûre (f)
nap (m)	[nap]	navet (m)
napolitane (f pl)	[napoli'tane]	gaufre (f)
necarbogazoasă	[nekarbogazo'asə]	plate (adj)
notă (f) de plată	['notə de 'platə]	addition (f)
nucă (f)	['nukə]	noix (f)
nucă (f) de cocos	['nukə de 'kokos]	noix (f) de coco
oţet (n)	[o'tset]	vinaigre (m)
olive (f pl)	[o'live]	olives (f pl)
omletă (f)	[om'letə]	les œufs brouillés
omletă (f)	[om'letə]	omelette (f)
orez (n)	[o'rez]	riz (m)
orz (n)	[orz]	orge (f)
ou (n)	['ow]	œuf (m)
ouă (n pl)	['owə]	les œufs
ovăz (n)	[ovez]	avoine (f)
pâine (f)	['pɨne]	pain (m)
păstrăv (m)	[pəs'trəv]	truite (f)
pătlăgea (f) vânătă	[pətlə'dʒa 'vɨnətə]	aubergine (f)
pătrunjel (m)	[pətrun'ʒel]	persil (m)
pahar (n)	[pa'har]	verre (m)
papaia (f)	[pa'paja]	papaye (f)
paprică (f)	['paprikə]	paprika (m)
pară (f)	['parə]	poire (f)
paste (f pl)	['paste]	pâtes (m pl)
pateu (n)	[pa'teu]	pâté (m)
peşte (m)	['peʃte]	poisson (m)
pepene (m) galben	['pepene 'galben]	melon (m)
pepene (m) verde	['pepene 'verde]	pastèque (f)
piersică (f)	['pjersikə]	pêche (f)
piper (m)	[pi'per]	poivron (m)
piper (m) negru	[pi'per 'negru]	poivre (m) noir
piper (m) roşu	[pi'per 'roʃu]	poivre (m) rouge
pitărcuţă (f)	[piter'kutsə]	bolet (m) orangé
pitarcă (f)	[pi'tarkə]	bolet (m) bai
piure (n) de cartofi	[pju're de kar'tofʲ]	purée (f)
pizza (f)	['pitsa]	pizza (f)
plăcintă (f)	[plə'tʃintə]	gâteau (m)
plătică (f)	[plə'tikə]	brème (f)
poftă (f) de mâncare	['poftə de mɨ'nkare]	appétit (m)
Poftă bună!	['poftə 'bune]	Bon appétit!
porţie (f)	['portsie]	portion (f)
portocală (f)	[porto'kalə]	orange (f)
porumb (m)	[po'rumb]	maïs (m)
porumb (m)	[po'rumb]	maïs (m)
prânz (n)	[prɨnz]	déjeuner (m)
prăjit	[prə'ʒit]	frit (adj)
prăjitură (f)	[prəʒi'turə]	gâteau (m)

produse (n pl) **de cofetărie**	[pro'duse də kofetə'rie]	confiserie (f)
produse (n pl) **marine**	[pro'duse ma'rine]	fruits (m pl) de mer
proteine (f pl)	[prote'ine]	protéines (f pl)
prună (f)	['prunə]	prune (f)
pulpă (f)	['pulpə]	cuisse (f)
răchiţele (f pl)	[rəki'ʦele]	canneberge (f)
reţetă (f)	[re'ʦetə]	recette (f)
rece	['reʧe]	froid (adj)
rechin (m)	[re'kin]	requin (m)
ridiche (f)	[ri'dike]	radis (m)
roşie (f)	['roʃie]	tomate (f)
rodie (f)	['rodie]	grenade (f)
rom (n)	[rom]	rhum (m)
sărat	[sə'rat]	salé (adj)
salam (n)	[sa'lam]	saucisson (m)
salată (f)	[sa'latə]	laitue (f), salade (f)
salată (f)	[sa'latə]	salade (f)
sardea (f)	[sar'd'a]	sardine (f)
sare (f)	['sare]	sel (m)
scobitoare (f)	[skobito'are]	cure-dent (m)
scorţişoară (f)	[skorʦiʃo'arə]	cannelle (f)
scrumbie (f)	[skrum'bie]	hareng (m)
secară (f)	[se'karə]	seigle (m)
sfeclă (f)	['sfeklə]	betterave (f)
smântână (f)	[smin'tinə]	crème (f) aigre
smochină (f)	[smo'kinə]	figue (f)
soia (f)	['soja]	soja (m)
somn (m)	[somn]	silure (m)
somon (m)	[so'mon]	saumon (m)
somon (m)	[so'mon]	saumon (m) atlantique
sos (n)	[sos]	sauce (f)
spaghete (f pl)	[spa'gete]	spaghettis (m pl)
spanac (n)	[spa'nak]	épinard (m)
sparanghel (m)	[sparan'gel]	asperge (f)
spic (n)	[spik]	épi (m)
stafidă (f)	[sta'fidə]	raisin (m) sec
stridie (f)	['stridie]	huître (f)
struguri (m pl)	['struguri]	raisin (m)
suc (n)	[suk]	jus (m)
suc (n) **de portocale**	[suk de porto'kale]	jus (m) d'orange
suc (n) **de roşii**	[suk de 'roʃij]	jus (m) de tomate
suc (n) **natural**	[suk natu'ral]	jus (m) pressé
supă (f)	['supə]	soupe (f)
supă (f) **de carne**	['supə de 'karne]	bouillon (m)
susan (m)	[su'san]	sésame (m)
tăiţei (m)	[təi'ʦej]	nouilles (f pl)
tartină (f)	[tar'tinə]	sandwich (m)
tirbuşon (n)	[tirbu'ʃon]	tire-bouchon (m)
ton (m)	[ton]	thon (m)
tort (n)	[tort]	tarte (f)
ulei (n) **de măsline**	[u'lej de məs'line]	huile (f) d'olive

ulei (n) de floarea-soarelui	[u'lej de flo'ar'a so'areluj]	huile (f) de tournesol
ulei (n) vegetal	[u'lej ved͡ʒe'tal]	huile (f) végétale
umplutură (f)	[umplu'turə]	garniture (f)
unt (n)	['unt]	beurre (m)
uscat	[us'kat]	sec (adj)
usturoi (m)	[ustu'roj]	ail (m)
vânat (n)	[vɨ'nat]	gibier (m)
varză (f)	['varzə]	chou (m)
varză (f) de Bruxelles	['varzə de bruk'sel]	chou (m) de Bruxelles
vegetarian	[ved͡ʒetari'an]	végétarien (adj)
vegetarian (m)	[ved͡ʒetari'an]	végétarien (m)
verdeață (f)	[ver'd'atsə]	verdure (f)
vermut (n)	[ver'mut]	vermouth (m)
vişină (f)	['viʃinə]	cerise (f)
vin (n)	[vin]	vin (m)
vin (n) alb	[vin alb]	vin (m) blanc
vin (n) roşu	[vin 'roʃu]	vin (m) rouge
vineţică (f)	[vine'tsikə]	russule (f)
vitamină (f)	[vita'minə]	vitamine (f)
votcă (f)	['votkə]	vodka (f)
whisky (n)	['wiski]	whisky (m)
zahăr (n)	['zahər]	sucre (m)
zbârciog (m)	[zbɨr'tʃiog]	morille (f)
zmeură (f)	['zmeurə]	framboise (f)